Institut für betriebliche Datenverarbeitung (IBD) e.V. · Band 1
Fachhochschule Düsseldorf
Herausgegeben von Prof. Dr. Felicitas Albers

Dipl.-Betriebsw. Michael Hoppe

Organisation und DV-Unterstützung der Personalwirtschaft

Aufbauorganisatorische, ablauforganisatorische und informationstechnische Aspekte, dargestellt am Beispiel der Hauptverwaltung einer Forschungsgesellschaft

Verlag Josef Eul

Bergisch Gladbach · Köln

Die Deutsche Bibliothek – CIP-Einheitsaufnahme

Hoppe, Michael:
Organisation und DV-Unterstützung der Personalwirtschaft : Aufbauorganisatorische, ablauforganisatorische und informationstechnische Aspekte, dargestellt am Beispiel der Hauptverwaltung einer Forschungsgesellschaft / Michael Hoppe. – Bergisch Gladbach ; Köln : Eul, 1993.
  (Reihe: Institut für betriebliche Datenverarbeitung (IBD) e.V., Fachhochschule Düsseldorf ; Bd. 1)
  ISBN 3-89012-343-0
NE: Institut für betriebliche Datenverarbeitung: Reihe

© 1993
  Josef Eul Verlag GmbH
  Postfach 10 06 56
  51406 Bergisch Gladbach
  Alle Rechte vorbehalten
  Printed in Germany
  Druck: Rosch-Buch, Hallstadt-Bamberg

Geleitwort

Die sachgerechte Anwendbarkeit ergebnisorientierter und methodischer Konzepte für die Wirtschaftspraxis ist ein entscheidendes Qualitätsmerkmal betriebswirtschaftlicher Forschung und Lehre wirtschaftswissenschaftlicher Fachbereiche der Hochschulen. Insbesondere die Fachhochschulen haben den gesetzlichen Auftrag der anwendungsbezogenen Lehre und entsprechender Forschungs- und Entwicklungsvorhaben.

In diese Aufgabenstellung fügt sich die Diplomarbeit von Herrn Diplom-Betriebswirt Michael Hoppe zur Organisation und DV-Unterstützung der Personalwirtschaft, die Grundlage der vorliegenden Veröffentlichung ist, folgerichtig ein. Die Arbeit wurde im Oktober 1992 für den abschließenden Teil der Diplomprüfung für den Studiengang Wirtschaft an der Fachhochschule Düsseldorf eingereicht. Die Ausführungen basieren auf einem Projekt, das das Institut für betriebliche Datenverarbeitung e.V. (IBD), Fachhochschule Düsseldorf, unter aktiver Beteiligung des Verfassers im Auftrag einer großen deutschen Forschungsgesellschaft durchführte. Die damit realisierte Zusammenarbeit von Hochschule und Praxis, die Anwendung theoretischer Überlegungen auf reale Probleme der Wirtschaftspraxis, zeigen einen guten Weg praxisbezogener Forschung und Lehre.

Inhaltlich verdeutlicht die vorliegende Arbeit realitätsnah Notwendigkeit und Lösungsmöglichkeiten der Reorganisation historisch gewachsener personalwirtschaftlicher Strukturen und der DV-Unterstützung. Ursächlich für diesen Handlungsbedarf der Praxis sind veränderte Aufgaben und Bedingungen, die sich insbesondere angesichts zunehmender Einsatzoptionen für Informationstechnik und des darin begründeten Rationalisierungspotentials ergeben.

Der Bezug auf eine konkrete Fallstudie stellt den besonderen Reiz dieser Arbeit für Studierende und Praktiker dar. Der erstgenannten Gruppe verdeutlicht sie die konkrete Form personalwirtschaftlicher Problemstellungen in der Praxis und zeigt auf, wie aus der Betriebswirtschaftslehre bekannte theoretische Sachverhalte fallstudienbezogen angewendet werden können. Dem personalwirtschaftlichen Praktiker erlaubt sie den Blick über das eigene Unternehmen hinaus in die Personalabteilung einer großen Hauptverwaltung und verdeutlicht Möglichkeiten der methodischen Fundierung von Projekten der Reorganisation und des DV-Einsatzes im Personalwesen.

Damit sind auch die Zielsetzung und die Adressaten der neu begründeten Schriftenreihe unseres Institutes für betriebliche Datenverarbeitung e.V. (IBD) aufgezeigt. Es freut mich sehr, mit der vorliegenden Fallstudie den ersten Band dieser Schriftenreihe herauszugeben und damit einen Beitrag zum Ergebnistransfer und zur Unterrichtung der interessierten Fachöffentlichkeit über die Arbeit unserer Hochschule zu leisten.

Düsseldorf, im Juni 1993 *Felicitas Albers*

Vorwort

Die vorliegende Schrift wurde in leicht veränderter Form im Oktober 1992 als Diplomarbeit an der Fachhochschule Düsseldorf (FHD) vorgelegt. Sie entstand als Teil eines Forschungsauftrages, den das Institut für betriebliche Datenverarbeitung (IBD) im Februar 1992 von der Zentralverwaltung einer deutschen Forschungs-Gesellschaft erhielt. Diesen Auftrag konnte ich gemeinsam mit Herrn Prof. Dr. Rainer Hagedorn und Herrn Dipl.-Betriebsw. Thomas Kugel bearbeiten. Beiden bin ich großen Dank schuldig. Herrn Prof. Dr. Hagedorn verdanke ich nicht nur umfangreiches fachliches Wissen, sondern auch wertvolle persönliche Erfahrungen. Herr Kugel war stets ein kompetenter Mitarbeiter und insbesondere bei DV-technischen Fragestellungen gemeinsam mit Herrn Dipl.-Betriebsw. Jörg Kalkmann ein unentbehrlicher Ratgeber.

Frau Prof. Dr. Felicitas Albers ermöglichte, daß meine Gedanken einem breiteren Kreis von Interessierten zugänglich gemacht werden. Durch Ihr Engagement hat sie den Weg zu einer Veröffentlichung gebahnt. Für die Aufnahme meiner Arbeit in die von ihr ins Leben gerufene und betreute Schriftenreihe gebührt ihr mein besonderer Dank. Eine weitere große Hilfe war das IBD, nicht nur wegen der finanziellen Unterstützung des Projektes.

Im Rahmen des Forschungsauftrages konnte ich viele interessante Gespräche führen. Die Zahl der Diskussions- und Gesprächspartner ist jedoch zu groß, um allen in dem ihnen gebührenden Maß zu danken. Die entsprechenden Mitarbeiter des untersuchten Unternehmens werden mir verzeihen.

Eine große Hilfe bei der Korrektur des Textes war Frau Janice Kulla. Ich bedanke mich bei ihr, ebenso wie bei Herrn Dipl.-Betriebsw. Uwe Meinz, für die aufmerksame und kritische Durchsicht der Arbeit. Zu guter Letzt gilt ein großes Dankeschön meiner Freundin Susanne Ober, deren Leidensfähigkeit bei der Lektüre ich besonders bewundere. Schließlich war sie es, die das Manuskript ein ums andere Mal gelesen hat und mir immer wieder entscheidende Verbesserungshinweise gab.

Allen Lesern des Buches, ob sie nun Studierende an Fachhochschulen und Universitäten oder Entscheidungsträger in Personal- oder DV-Abteilungen sind, sei verraten, daß ich gerade auf ihre Äußerungen und Kritik gespannt bin. Schließlich ist der Autor nichts ohne seine Leserinnen und Leser. Ich danke schon heute dafür, daß sie mir helfen, die Fehler und Mängel meiner Ausführungen erkennen und verbessern zu können.

Düsseldorf, im Mai 1993   *Michael Hoppe*

Inhaltsverzeichnis

Geleitwort III
Vorwort V
Inhaltsverzeichnis VII
Abbildungsverzeichnis. X
Abkürzungsverzeichnis XI

A. Ausgangssituation und Vorgehensweise 1

B. Organisation der Personalwirtschaft 4

    I. Formale Organisation der Personalwirtschaft 4
        1. Analyse und Synthese 4
        2. Aufbau- und Ablauforganisation 5

    II. Darstellung einer funktionalen Organisation 7
        1. Historische Entwicklung 7
        2. Vorteile und Nachteile 8
        3. Übertragung auf die Personalwirtschaft 9

    III. Darstellung einer objektorientierten Organisation 14
        1. Historische Entwicklung 14
        2. Zielsetzung und Rationalisierungspotential 15
            a. Wirtschaftliche Ziele 16
            b. Individual-soziale Ziele 19
            c. Flexibilitätsorientierte Ziele 20
        3. Analyse der Büroarbeit in der Personalwirtschaft als
           Voraussetzung für eine objektorientierte Organisation 20
            a. Aufgabentypen in der Büroarbeit 20
            b. Übertragung auf die Personalwirtschaft 22
            c. Qualifikation der Mitarbeiter 24
            d. Zusammensetzung der Bearbeitungsgruppen 26
        4. Büroarbeit in der Personalwirtschaft als objektorientierter Prozeß . . . 27
        5. Grenzen der Aufgabenintegration 32
            a. Grenzen bezüglich der Besonderheiten des öffentlichen Dienstes . . 32
            b. Aufgabenorientierte Grenzen 33
            c. Ökonomische Grenzen 33
            d. Arbeitswissenschaftliche Grenzen 34

IV.	Dezentralisierung	35
	1. Zielsetzung und Rationalisierungspotential	35
	2. Voraussetzungen für die Dezentralisierung	38
	a. Organisatorische Voraussetzungen	38
	b. Informationstechnische Voraussetzungen	38
	3. Formen der Dezentralisierung	39
	a. Räumliche Dezentralisierung	39
	b. Organisatorische Dezentralisierung	40
	4. Grenzen der Dezentralisierung	41

C. DV-Unterstützung in der Personalwirtschaft 43

I. Organisation und DV-Unterstützung 43
1. Wechselwirkung von Organisation und DV-Unterstützung 43
2. Möglichkeiten zur DV-Unterstützung der Personalwirtschaft 45
3. Stand der DV-Unterstützung in der Zentralverwaltung der Forschungs-Gesellschaft 47

II. Softwarekonzeption und Hardwareunterstützung von Personalinformationssystemen 50
1. Historische Entwicklung 50
2. Zielsetzung und Rationalisierungspotential 51
3. Struktur und Aufbau eines Personalinformationssystems 52
    - a. Komponenten 52
    - b. Hauptfunktionen 55
4. Anforderungen an die Software 57
    - a. Integrationsanforderungen 57
    - b. Modularer Aufbau 59
5. Verwendung von Standardsoftware 59
    - a. Konzeption und Funktionsumfang von PAISY 60
    - b. Konzeption und Funktionsumfang von RP 62
6. Hardwareunterstützung 63
    - a. Großrechner 64
    - b. Personal Computer 65

III.	**Datenschutz und Datensicherung**	**69**
	1. Schutz der Daten mit Hilfe des Bundesdatenschutzgesetzes	69
	2. Gefährdungsursachen und Datensicherungsmaßnahmen	71
	a. Gefährdungsursachen im technischen Bereich	71
	b. Gefährdungsursachen im personellen Bereich	71
	c. Durchführung von Datensicherungsmaßnahmen	72
IV.	**Implementierung von Personalinformationssystemen**	**74**
	1. Probleme bei der Einführung	74
	a. Sichtweise der Betroffenen und Arbeitnehmervertreter	74
	b. Sichtweise der Benutzer	75
	c. Sichtweise des Managements	75
	2. Organisatorische Implementierung	76
	3. Wirtschaftlichkeitsbetrachtung	78
D.	**Zusammenfassung und Ausblick**	**79**
Literaturverzeichnis		**81**
Register		**86**

Abbildungsverzeichnis

Abbildung 1: Methodische Vorgehensweise 2

Abbildung 2: Begriffshierarchie 5

Abbildung 3: Organigramm der FoG-ZV 6

Abbildung 4: Aufbau der Abteilung Personalwirtschaft 9

Abbildung 5: Datenflußplan zur Neueinstellung eines BAT-Mitarbeiters 12

Abbildung 6: Schwachstellen bei der Neueinstellung eines BAT-Mitarbeiters ... 13

Abbildung 7: Formalziele in der Personalwirtschaft 15

Abbildung 8: Redundante Erfassung ausgewählter Daten bei der Neueinstellung 18

Abbildung 9: Aufgabentypen in der Personalwirtschaft 23

Abbildung 10: Soll-Aufbauorganisation der Personalwirtschaft 28

Abbildung 11: Objektorientierte Organisation der Personalwirtschaft 29

Abbildung 12: Beispielhaftes Dezentralisierungspotential in der ZV 35

Abbildung 13: Dezentrale Abrechnung der Reisekosten 36

Abbildung 14: Grundprobleme der Kommunikation 42

Abbildung 15: Reintegration funktionaler Arbeitsteilung in der Personalwirtschaft .. 44

Abbildung 16: Komponenten eines PIS 52

Abbildung 17: Merkmalskatalog für eine Personaldatenbank 54

Abbildung 18: Hauptfunktionen eines PIS 55

Abbildung 19: Integrationsbeziehungen eines PIS 58

Abbildung 20: Funktionsumfang und Datenbasis von PAISY 61

Abbildung 21: Elemente der Personaldatenbank bei RP 63

Abbildung 22: PIS-Harware-Konfiguration 64

Abbildung 23: Zusammenhang zwischen Datenschutz und Datensicherung 72

Abkürzungsverzeichnis

AKDB	Anstalt für Kommunale Datenverarbeitung in Bayern (Rechenzentrum)
AO	Abgabenordnung
BAT	Bundesangestellten-Tarif
BertVG	Betriebsverfassungsgesetz
BDSG	Bundesdatenschutzgesetz
BGBl	Bundesgesetzblatt
BR	Betriebsrat
CAx	Technisch ausgerichtete Komponenten des CIM-Systems
CIM	Computer Integrated Manufacturing; System der integrierten Informationsverarbeitung im Unternehmen
Dipl.-Betriebsw.	Diplom-Betriebswirt
DOS	Disk Operating System; Betriebssystem für Mikrocomputer
DBW	Die Betriebswirtschaft (Zeitschrift)
DV	Datenverarbeitung
EDV	Elektronische Datenverarbeitung
eingel.	eingeleitet
FoG	Forschungs-Gesellschaft
FoI	Forschungs-Institut
HiWi	Studentische Hilfskräfte
HMD	Handbuch der modernen Datenverarbeitung (Zeitschrift)
hrsg.	herausgegeben
IBD	Institut für betriebliche Datenverarbeitung an der Fachhochschule Düsseldorf
idF	in der Fassung
LAN	Local Area Network; lokales Netzwerk
PAISY	Personal-Abrechnungs- und Informations-System (Standard-Software)
PC	Personal Computer
PIS	Personalinformationssystem
OM	Office Management (Zeitschrift)
RP	Standard-Software für den Personal-Bereich
SG	Sachgebiet
Soz.-vers.	Sozialversicherung
übers.	übersetzt
zfo	Zeitschrift Führung + Organisation
ZV	Zentralverwaltung

A. Ausgangssituation und Vorgehensweise

Im Februar 1992 erhielt das Institut für betriebliche Datenverarbeitung (IBD), Düsseldorf, einen Forschungsauftrag von der Zentralverwaltung einer deutschen Forschungs-Gesellschaft. Die Aufbau- und Ablauforganisation der Personalwirtschaft in der Hauptabteilung Personal und Recht sollte aufgenommen und analysiert werden, um aus den Schwachstellen Rationalisierungspotentiale aufzudecken.

Die untersuchte Forschungs-Gesellschaft (FoG) ist mit 47 Forschungs- und Dienstleistungseinrichtungen in fünfzehn Bundesländern vertreten. Etwa 8000 Mitarbeiter betreuen ein Forschungsvolumen von über einer Milliarde DM, wovon 830 Millionen DM auf die Vertragsforschung entfallen. Der Rest stammt als Grundfinanzierung aus öffentlichen Mitteln, in erster Linie aus dem Etat des Bundesministeriums für Forschung und Technologie. Die FoG konzentriert sich auf die angewandte Forschung und Entwicklung. Sie erfüllt ihre Aufgaben durch marktorientierte Vertragsforschung, d.h. durch die Umsetzung wirtschaftlicher Verfahren und Entwicklung marktgerechter Produkte. Schwerpunkte sind dabei u.a. Mikroelektronik, Informationstechnik, Produktionsautomatisierung oder Fertigungstechnologie.

Als Grundlage für die Untersuchung wurden Selbstaufschreibungen der Mitarbeiter in der Personalwirtschaft ausgewertet.[1] Es folgten mehrtägige Aufenthalte in der Zentralverwaltung (ZV), um diese Ergebnisse in Gesprächen zu hinterfragen und zu ergänzen. Da die Auswirkungen von Reorganisationsmaßnahmen nicht nur die ZV, sondern auch die Forschungs-Institute (FoI) berühren, wurden Befragungen bei mehreren ausgewählten FoI durchgeführt. Zur Schaffung von Vergleichsmöglichkeiten folgte der Besuch einer anderen Forschungsgesellschaft, des Kernforschungszentrums Karlsruhe.

Die vorliegende Beitrag versteht sich neben dem Abschlußbericht des IBD als selbständige Arbeit unter verstärkter Berücksichtigung einer theoretischen Fundierung der Ergebnisse. Die durch die praktische Arbeit im Rahmen der Ist-Aufnahme gewonnenen Schwachstellen werden analysiert, um im Rahmen einer Soll-Konzeption Lösungsansätze vorzustellen, die auch über die FoG hinaus als Basis für Reorganisationsüberlegungen dienen können.

---

[1] Vgl. INSTITUT FÜR BETRIEBLICHE DATENVERARBEITUNG, Abschlußbericht, 1992, S.14-30. Zu den verschiedenen Analysemethoden vgl. VOBBEIN,R., Bürokommunikation, 1990, S.173-188.

Dabei wurde im einzelnen wie folgt vorgegangen: Das Kapitel B.I. dient als theoretische Einleitung zur Thematik. Es erfolgt eine begriffliche Abgrenzung der Personalwirtschaft, und die zentralen Begriffe der Organisationslehre werden kurz vorgestellt.

Das folgende Kapitel B.II. gibt einen Überblick über die derzeit praktizierte funktionale Organisation nach dem Verrichtungsprinzip. Im Anschluß an einen historischen Abriß werden die Vor- und Nachteile einer funktionalen Strukturierung skizziert, um dann auf die Situation bei der FoG-ZV einzugehen. Dies geschieht unter Einbeziehung eines konkreten Arbeitsablaufs mit seinen typischen Schwachstellen. Anhand dieser Schwachstellen werden im weiteren Verlauf der Arbeit organisatorische und DV-technische Verbesserungsmöglichkeiten aufgezeigt.

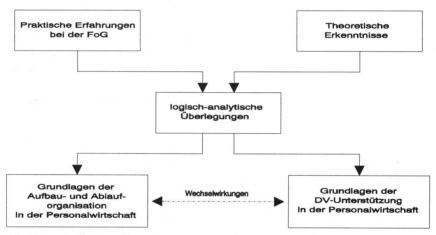

Abb. 1: Methodische Vorgehensweise

Eine grundlegende Alternative zur funktionalen Gestaltung ist eine objektorientierte Organisation. Zielsetzung und Rationalisierungspotential werden anhand praktischer Beispiele aus der Personalwirtschaft der untersuchten Forschungs-Gesellschaft ausführlich beschrieben. Diese Ziele lassen sich jedoch nicht überall und unter allen Umständen realisieren. Ein entscheidendes Kriterium für die Durchsetzbarkeit eines stärkeren Objektbezugs und dessen Ziele ist die Art der zu erledigenden Arbeit. Also werden nach einer allgemeinen Klassifizierung der Büroarbeit die verschiedenen Aufgabentypen im Hinblick auf ihre Eignung für einen stärkeren Objektbezug untersucht, um dann eine Übertragung auf die Personalwirtschaft der ZV vorzunehmen. Dieser Prüfung folgt eine Beschreibung der Anforderungen an die Mitarbeiter. Nach den Überlegungen zur Zusammensetzung der Bearbeitungsgruppen schließt sich in Abschnitt B.III.4. ein Vorschlag für eine stärkere objektbezogene Gestaltung unter Einbeziehung ablauf- und aufbauorganisatorischer Konsequenzen an. Dieser wird anhand eines typischen Vorgangs illustriert. Weil die Integration von Aufgaben nicht beliebig weit fortzuführen ist, bilden Ausführungen zu den Grenzen der Objektausrichtung den Schlußpunkt dieses Abschnitts.

Ein weiterer organisatorischer Ansatzpunkt zur Beseitigung der Schwachstellen ist eine verstärkte Dezentralisierung. Nach einer begrifflichen Klarstellung werden die Ziele, die wesentlichen Voraussetzungen und die verschiedenen Ausprägungen beschrieben, bevor die Grenzen der Dezentralisierung den organisatorischen Teil beenden.

Aufbauend auf den Ausführungen in Teil B. wird der Zusammenhang von Organisation und DV-Unterstützung verdeutlicht. Der verbesserten DV-Unterstützung ist besondere Aufmerksamkeit zu schenken, sie "gehört zu den wesentlichsten Zukunftsaufgaben der Unternehmenspraxis."[2] In Teil C. werden daher geeignete Möglichkeiten zur integrierten DV-Unterstützung der Personalwirtschaft vorgestellt. Insbesondere interessiert der Aufbau eines Personalinformationssystems und die Anforderungen an die Hard- und Software. Auch das immer stärkere Vordringen von Mikrocomputern in diesen ehemals von Großrechnern beherrschten Bereich findet Berücksichtigung.

Aufgrund der Ausgangslage einer vorwiegend manuellen Bearbeitung in der FoG in einem Bereich, der durch die Fülle der benötigten Daten, der hohen Standardisierbarkeit und der wiederkehrenden Verarbeitungsintervalle für die EDV geradezu prädestiniert ist, erfolgt eine Konzentration auf die "klassische" Datenverarbeitung. Erst mittelfristig können im Anschluß daran moderne Techniken der Bürokommunikation wie Telefax oder Möglichkeiten zur Bildschirmkonferenz in den Blickpunkt rücken und in das DV-System integriert werden.

Abschließend wird auf die speziellen Schwierigkeiten eingegangen, die aus dem Umgang mit personenbezogenen Daten entstehen. Besonders hervorzuheben sind Aspekte des Datenschutzes und der Datensicherheit sowie mögliche Probleme bei der beabsichtigten Einführung. Wie diese Probleme entstehen und wie ihnen begegnet werden kann, ist dem Kapitel C.IV. zu entnehmen.

Der Schlußteil faßt die Ergebnisse zusammen und stellt mögliche Entwicklungstendenzen zur Diskussion.

---

[2] NIPPA,M., Büroorganisation, 1991, S.444.

B. Organisation der Personalwirtschaft
B.I. Formale Organisation der Personalwirtschaft

Der Begriff der Personalwirtschaft wird in der Literatur unterschiedlich interpretiert. In der weiteren Fassung subsumiert man unter diesem Begriff sämtliche Aufgaben des Unternehmensbereichs Personal. Dazu gehören Personalbereitstellung, Personalentwicklung, Personalführung, Personalbetreuung und Personalverwaltung.[1]

In dieser Arbeit soll die Personalwirtschaft enger definiert werden und sich begrifflich an den organisatorischen Voraussetzungen in der Zentralverwaltung der Forschungs-Gesellschaft orientieren. Im Sinne der oben genannten Definition bearbeitet die FoG-ZV primär Aufgaben der Personalverwaltung. Diese bezeichnet man in der betrieblichen Praxis als Kernaufgaben der Personalarbeit. "Dazu gehören insbesondere:
- die weitgehend durch Gesetze, Tarifverträge und betriebliche Regelungen determinierte Erzeugung von personalbezogenen Dokumenten, deren Auswertung, Archivierung und Weitergabe an Externe (z.B. Sozialversicherungsträger, Berufsgenossenschaften);
- die Beeinflußung und Abwicklung von Personalmaßnahmen wie Einstellungen, Versetzungen, Entlassungen und Entgeltanpassungen."[2]

Das Interesse gilt also der Gewinnung, Aufbereitung und Speicherung von Daten über die Mitarbeiter der Forschungs-Gesellschaft.

B.I.1. Analyse und Synthese

Das klassische Instrumentarium für die organisatorische Gestaltung ist das von KOSIOL 1962 entwickelte Analyse-Synthese-Konzept.[3]

Um eine detaillierte Übersicht zu erhalten, sind vor der eigentlichen aufbau- und ablauforganisatorischen Strukturierung zunächst die Aufgaben der Personalwirtschaft in Teilaufgaben, Aufgabenschritte und Elementaraufgaben zu untergliedern. Die Elementaraufgaben bilden dabei die Untergrenze der Aufgabenanalyse. Aus diesen lassen sich die Aufgaben jeder höheren Stufe zusammensetzen. Die Durchdringung dieser Aufgaben ist die Voraussetzung für die nachfolgende organisatorische Gestaltung. KOSIOL gliedert nach unterschiedlichen Zerlegungskriterien, wobei Verrichtung und

---
[1] Vgl. KOSSBIEL,H., Personalbereitstellung, 1988, S.1049 f.
[2] GERPOTT,T.J., Perspektiven, 1990, S.618.
[3] Vgl. KOSIOL,E., Organisation, 1962, S.32 f.

Objekt die wichtigsten sind. Daneben nennt er Rang, Phase und Zweckbeziehung. Um nicht nur eine Darstellung der bestehenden Organisation zu geben, sind die Aufgaben und ihre Gliederung kritisch zu würdigen. Dies löst die Aufgabenanalyse von einem lediglich deskriptiven Standpunkt und stellt das Bindeglied zur Aufgabensynthese dar.[4]

Die ermittelten Aufgabenschritte und Elementaraufgaben werden anschließend im Rahmen der Aufgabensynthese zusammengefaßt, kombiniert und auf Bereiche, Abteilungen oder Sachgebiete verteilt.

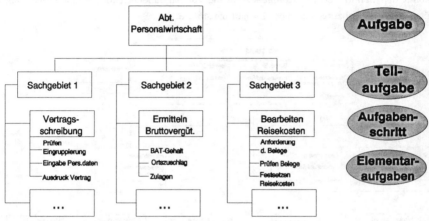

Abb. 2: Begriffshierarchie[5]

B.I.2. Aufbau- und Ablauforganisation

Die Ergebnisse von Analyse und Synthese spiegeln sich in der Aufbau- und Ablauforganisation wider. In Theorie und Praxis der Organisation hat sich die abstrahierende Trennung von Unternehmensaufbau und -ablauf durchgesetzt.[6] Sie hat ihren Ursprung in der von NORDSIECK geprägten Unterscheidung zwischen organisatorischer Beziehungslehre und organisatorischer Ablauflehre.[7] KOSIOL weist

---

[4] Vgl. KRÜGER,W., Aufgabenanalyse und -synthese, 1992, Sp.221.
[5] Vgl. VDMA, DV-Leitfaden, 1980, S.30 und S.33. Auch die Elementaraufgaben können weiter aufgesplittet werden. KOSIOL bezeichnet diesen Vorgang als Arbeitsanalyse. Vgl. KOSIOL,E., Organisation, 1962, S.189 f.
[6] Die dualistische Betrachtungsweise hat sich durchgesetzt, jedoch nicht unbedingt eine einheitliche Terminologie. Abweichend von Aufbau- und Ablauforganisation werden auch die Begriffspaare Potential- und Aktionsgefüge oder Gebilde- und Prozeßstruktur verwendet. Vgl. hierzu BELLMANN,K., Arbeitsteilung, 1989, S.66.
[7] Vgl. NORDSIECK,F., Rationalisierung, 1955, S.76.

darauf hin, daß es sich im Grunde um verschiedene Betrachtungsweisen des gleichen Gegenstandes, nämlich der Unternehmensorganisation, handelt.[8] Unter Aufbauorganisation versteht man die Strukturierung des Unternehmens (statische Perspektive). Ablauforganisation hingegen meint die raum-zeitliche Strukturierung der Prozesse (dynamische Perspektive).

Der Übergang von der Aufbau- zur Ablauforganisation ist bei den Stelleninhabern zu finden. Sie sind Erfüllungssubjekte der ihnen zugewiesenen Aufgaben und markieren somit den Schritt von der Aufgabenzuteilung zur Aufgabenerfüllung.[9] Einen Überblick über die Aufgabenzuteilung in der ZV gibt die *Abb. 3*.

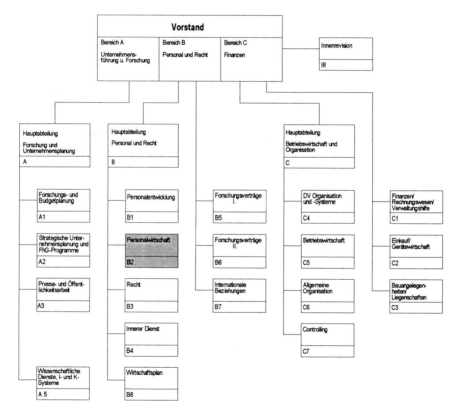

Abb. 3: Organigramm der FoG-ZV

---

[8] Vgl. Kosiol,E., Organisation, 1962, S.31.
[9] Vgl. Gaitanides,M., Prozeßorganisation, 1983, S.2.

B.II. Darstellung einer funktionalen Organisation

B.II.1. Historische Entwicklung

Der Grad an funktionaler Arbeitsteilung nimmt im Verlauf der Entwicklung menschlicher Gesellschaften ständig zu. Mit Beginn der Expansion der Textil- und Waffenindustrie zu Anfang des 19. Jahrhunderts erhielt die Arbeitsteilung wesentliche Bedeutung in Theorie und Praxis.[1] Diese Tendenz wird mit fortschreitendem Einsatz von Maschinen weiter verstärkt. Grundlagen auf diesem Gebiet hat TAYLOR gelegt.[2]

TAYLOR, der die Annahme vertrat, daß die menschliche Motivation lediglich durch monetäre Anreize bestimmt wird, versuchte als Ingenieur mit einem betont technischen Instrumentarium, die Arbeit bis hin zu den Einzelverrichtungen aufzuspalten und an einzelne Aufgabenträger zu übergeben. So erhoffte er sich eine wirtschaftlichere Bearbeitung. Diese war zweifellos möglich, durch die immer stärkere Zerstückelung der Arbeit war jedoch auch die Gefahr einer Ausbeutung und Entfremdung vom Arbeitsprozeß ständig akut.

Mit dem Trend zum Großbetrieb zeichnete sich zu Beginn des 20.Jahrhunderts eine Taylorisierung der Büroarbeit ab.[3] Bereits 1832 stellte jedoch BABBAGE, der als Vorläufer der Rationalisierung der Büroarbeit gelten kann, fest:

> "We have already mentioned what may, perhaps, appear paradoxical to some of our readers, - that the division of labour can be applied with equal success to mental as to mechanical operations, and that it ensures in both the same economy of time."[4]

In der deutschen Betriebswirtschaftslehre wurde dieser Trend erst zu Anfang der 20er Jahre erkannt.

> "Die Praxis und insbesondere die Erfahrungen, die in Amerika gemacht wurden, haben gezeigt, daß auch für den Bürobetrieb die Grundsätze der rationellen Betriebsführung in weitgehendem Maße angewendet werden können und daß eine folgerichtige Arbeitsteilung und Zentralisation gleichartiger Funktionen hervorragende Erfolge zu zeitigen vermag."[5]

Vor allem die Bürokratietheorie MAX WEBERS manifestiert die Prinzipien Arbeitsteilung und Spezialisierung endgültig auch für den Büro- und Verwaltungsbereich.[6] Zu Beginn der 50er Jahre setzte sich dieser Trend mit Einführung der EDV und damit der Büroautomation noch fort.[7]

---

[1] Vgl. BELLMANN,K., Arbeitsteilung, 1989, S.6.
[2] Vgl. TAYLOR,F.W., Betriebsführung, 1977.
[3] Vgl. BELLMANN,K., Arbeitsteilung, 1989, S.23.
[4] BABBAGE,C., Economy, 1971, S.191.
[5] HERCHES,H., Büroorganisation, 1926, S.479 f.
[6] Vgl. WEBER,M., Wirtschaft und Gesellschaft., 1976. Dieses Werk erschien 1921, erlangte aber erst ab 1940 eine verstärkte Bedeutung.
[7] Vgl. BELLMANN,K., Arbeitsteilung, 1989, S.29.

B.II.2. Vorteile und Nachteile

Die Vorteile einer funktionalen Organisation lassen sich allgemein wie folgt charakterisieren:

- **Spezialisierung und Routinisierung**
  Ein hohes Erfahrungsniveau und die häufige Wiederholung von Arbeitsgängen ermöglicht eine rationelle und fachlich versierte Aufgabenerfüllung.

- **Einheitliche Aufgabenerfüllung**
  Die Konzentration auf wenige Verrichtungen gewährleistet eine unternehmensweite Einheitlichkeit der Aufgabenerfüllung.

- **Kurze Anlern- und Einarbeitungszeiten**
  Bedingt durch die Begrenztheit der zu erfüllenden Aufgaben ist eine schnelle Einarbeitung möglich. Dies ist besonders dann vorteilhaft, wenn - wie in der FoG - eine starke Fluktuation der Mitarbeiter vorzufinden ist, so daß die Anlernprozesse oftmals wiederholt werden müssen.

- **Schnellere Bearbeitung der einzelnen Verrichtungen**

Demgegenüber stehen die folgenden Nachteile:

- **Hoher Koordinierungsaufwand**
  Wegen der unzureichenden Berücksichtigung von Interdependenzen zwischen verschiedenen Aufgabenfeldern, z.B. bezüglich der Anforderung von Unterlagen, ist ein hoher Koordinierungsaufwand erforderlich.

- **Gleichförmigkeit der Arbeit**
  Ein begrenztes Aufgabenfeld läßt oftmals den zusammenhängenden Sinn der Arbeit nicht erkennen, es kann so zu Motivationsverlusten kommen. Dies ist nicht nur aus Humanisierungsgesichtspunkten zu kritisieren. Zunehmende Demotivation führt auch zu einer abnehmenden Produktivität.

- **Bei mangelnder integrierter DV-Unterstützung redundante Datenerfassung**

- **Lange Bearbeitungsketten**

- **Mehrere Ansprechpartner bei zusammengehörenden Vorgängen**

B.II.3. Übertragung auf die Personalwirtschaft

In der Zentralverwaltung der untersuchten Forschungs-Gesellschaft ist die Personalwirtschaft, als die mit Abstand größte Abteilung, funktional organisiert.

Abb. 4: Aufbau der Abteilung Personalwirtschaft

Bei dieser Strukturierung werden gleichartige Aufgabenfelder in der Personalwirtschaft nach Sachzusammenhängen zusammengefaßt. In einem Sachgebiet wird *eine* Funktion für *alle* Mitarbeiter der FoG wahrgenommen.

Der Vorgang der Neueinstellung eines Mitarbeiters nach Bundesangestellten-Tarif (BAT) soll die funktionale Arbeit nach dem Verrichtungsprinzip verdeutlichen.

Die ZV erhält per Post von den Instituten (FoI) sechs Formblätter, die teilweise von dem neuen Mitarbeiter (Personalangaben, Personalbogen, Sozialversicherung, Ortszuschlag) und teilweise von den Verwaltungen in den Instituten (Tätigkeitsdarstellung, Zustimmung des Betriebsrats) manuell ausgefüllt werden. Dabei kommt es zu einer mehrfachen Erfassung der gleichen Daten.

Anschließend schicken die Institute die Vertragsunterlagen per Post an die ZV. Dies bedeutet einerseits eine Zeitverzögerung, zum anderen besteht die Gefahr, daß sensible Personalunterlagen abhanden kommen.

In der ZV werden die erforderlichen Unterlagen zur BAT-Eingruppierung im Sachgebiet 1 (Vertragswesen) zunächst auf Vollständigkeit geprüft und fehlende Unterlagen angefordert. Anschließend wird anhand einer Stellenplanliste kontrolliert, ob die Stelle verfügbar ist. Es folgt die Prüfung und Beurteilung der Eingruppierung sowie die Eingabe der Personaldaten. Schließlich wird die Stellenausschreibung gelöscht und der Arbeitsvertrag ausgedruckt. Dabei speichert das DV-System bei der Eingabe der Personaldaten jedoch nicht die Adressdaten.

Der Vertrag erreicht dann über den Sachgebietsleiter und den Abteilungsleiter wieder das Vertragswesen und von dort das Institut und den neuen Mitarbeiter. Die zweite Durchschrift gelangt über die dem Sachgebiet 1 zugeordnete Mikroverfilmung in das Sachgebiet 2 (Abrechnung). Die Durchlaufzeit der Vorgänge wird durch die Einbeziehung der überflüssigen Hierarchiestufen stark verlängert. Besonders augenfällig wird dies, wenn man bedenkt, daß selbst die Verträge der studentischen Hilfskräfte (HiWi) die genannten Hierarchiestufen durchlaufen müssen.

> "So laufen alle Vorgänge einen kuriosen Zick-Zack-Kurs: zuerst klettern sie die hierarchische Pyramide nach oben bis zum gemeinsamen Vorgesetzten [und] bleiben auf dessen Schreibtisch eine Zeitlang liegen, ... danach steigen sie langsam wieder nach unten an jene Stelle, wo sie weiterbearbeitet werden. Das hierarchische Prinzip ... führt dazu, daß die meisten Akten falsch laufen, nicht dorthin, wo sie hingehören, sondern immer zuerst zu einer vorgesetzten Instanz, die zur Bearbeitung gewöhnlich gar nichts beiträgt."[8]

Im Sachgebiet 2 (Abrechnung) werden die Unterlagen erneut auf Vollständigkeit geprüft und fehlende Unterlagen angefordert. Diesmal interessieren nur die abrechnungsrelevanten Informationen. Es folgt die manuelle Errechnung der Bruttovergütung, die Anmeldung bei den Sozialversicherungsträgern sowie das Ausfüllen der Belege für die Anstalt für Kommunale Datenverarbeitung in Bayern (AKDB). Ein externer Erfassungsdienst überträgt die Personaldaten auf Datenträger und übergibt sie an die abrechnende AKDB.

Die Erfassung auf AKDB-Belege birgt ein Fehlerrisiko in sich. Zum anderen verlängert sich durch die Einbeziehung der externen Unternehmen die Durchlaufzeit. Dies bedeutet, daß neue Lohnkonten bis zum 20. eines Monats bearbeitet sein müssen, um in den Abrechnungslauf der AKDB zu gelangen. Nur dann ist eine Auszahlung am 15. des Folgemonats gewährleistet.

---

[8] BAHRDT,H.P., Industriebürokratie, 1958, S.63.

Die *Abb. 6* faßt die Schwachstellen, die bei der Neueinstellung eines Mitarbeiters nach BAT auftreten, noch einmal zusammen.

- Mehrfache Erfassung der gleichen Daten auf Formblättern
- Übertragung der Unterlagen auf traditionellem Postweg
- Mehrmalige und nur partielle Vollständigkeitskontrolle
- Kontrolle des Stellenplans anhand einer *Liste*
- Keine Speicherung der Adressdaten bei Eingabe der Personaldaten
- Verträge durchlaufen überflüssige Hierarchiestufen
- Mikroverfilmung fungiert als Poststelle
- *Manuelle* Errechnung der Bruttovergütung
- Erhöhung der Durchlaufzeit durch Einbeziehung externer Unternehmen
- Kontrolle *aller* Lohnkonten
- Festsetzung der Beschäftigungs- und Dienstzeit erfolgt in der Mikroverfilmung

Abb. 6: Schwachstellen bei der Neueinstellung eines BAT-Mitarbeiters

Die genannten Schwachstellen sind nicht nur bei der Neueinstellung von BAT-Mitarbeitern vorzufinden, sondern vielmehr typisch für die Bearbeitung in der Personalwirtschaft. Zur Beseitigung der Schwachstellen werden in den folgenden Kapiteln organisatorische und in Teil C. DV-technische Lösungsmöglichkeiten aufgezeigt.

B.III. Darstellung einer objektorientierten Organisation

B.III.1. Historische Entwicklung

Eine objektorientierte Organisation als grundlegende Alternative zur funktionalen Gestaltung beruht auf der Zusammenfassung von gleichartigen Objekten und damit ungleichartigen Verrichtungen.[1] Bereits NORDSIECK, der Begründer einer in sich geschlossenen Organisationslehre, ließ sich zu Beginn der 1930er Jahre von den Gedanken einer Prozeßorientierung leiten. Er bezeichnete die Struktur eines Betriebes als die eines Stromes und betonte, es müsse dafür Sorge zu tragen sein, daß "diejenigen Abschnitte und Phasen des Betriebsprozesses beieinandergehalten werden, bei denen eine Durchschneidung wesentliche Arbeitsbeziehungen stört oder zerstört."[2]

Diese objektorientierte Betrachtungsweise wurde dann lange Zeit nicht mehr aufgegriffen, erfuhr aber ab Beginn der 60er Jahre eine Renaissance. Konzepte wie Job rotation, Job enlargement und Job enrichment wurden insbesondere unter Humanisierungsgesichtspunkten diskutiert[3], hatten jedoch das Wirtschaftlichkeitsargument gegen sich. Erst in jüngster Zeit gelangte ein stärkerer Objektbezug der Arbeit im Zusammenhang mit neuen Informations- und Kommunikationstechniken wieder in den Blickpunkt. So fordert REICHWALD die Abkehr vom Taylorismus im Büro:

> "Besonders die Zerlegung von Aufgaben nach dem Verrichtungsprinzip hat in der industriellen Fertigung wie in der kaufmännischen Verwaltung erhebliche Nachteile mit sich gebracht ... In der kaufmännischen Verwaltung ist die verrichtungsorientierte Arbeitsteilung eine häufige Ursache für gegenseitige Produktivitätsbehinderungen und Leistungsvernichtung ... Die Zusammenlegung von Funktionen und Arbeitsschritten, die heute arbeitsteilig ausgeführt werden, [erscheint] ökonomisch sinnvoll ... ,weil mit übertriebener Arbeitsteilung im administrativen Bürobereich regelmäßig auch leistungshemmende Faktoren verbunden sind."[4]

Diese Problematik ist auch deshalb stark in den Blickpunkt gerückt, weil die Bedeutung der Büroarbeit ständig zunimmt. Im Jahre 1950 waren rund 30 v.H. Erwerbstätigen in diesem Bereich beschäftigt, 1980 waren es bereits rund 50 v.H. Eine weitere Steigerung dieses Anteils ist anzunehmen. Schon heute werden etwa 80 v.H. der Kosten im Bürobereich für das Personal aufgewendet.[5] Die weiter steigenden Personalkosten verstärken die Forderung nach effektiven Rationalisierungsmaßnahmen, insbesondere, weil im Bereich der Fertigung, im Gegensatz zur Büroarbeit, bereits bedeutende Produktivitätssteigerungen realisiert werden konnten. Eine intensive Auseinandersetzung mit einer objektorientierten Strukturierung der Arbeit, als eine Maßnahme im organisatorischen Bereich, ist daher notwendig.

---

[1] Vgl. KOSIOL,E., Organisation, 1962, S.84.
[2] NORDSIECK,F., Betriebsorganisation, 1972, S.23.
[3] Vgl. ESCHENBACH,A., Job Enlargement, 1977.
[4] REICHWALD,R., Entwicklungstrends, 1991, S.399.
[5] Vgl. PETERS,G., Ablauforganisation, 1988, S.1.

B.III.2. Zielsetzung und Rationalisierungspotential

Die Ziele, die mit einer objektorientierten Gestaltung in der Personalwirtschaft verbunden sind und sich aus den in Abschnitt B.II.3. beschriebenen Schwachstellen ableiten, lassen sich aufgrund ihres Inhalts in Sach- und Formalziele unterscheiden.[6] Das Sachziel als konkreter Gestaltungsauftrag gibt an, "was" das Ergebnis der Gestaltungstätigkeit sein soll, die Formalziele hingegen zeigen, "wie" etwas zu erreichen ist. Wenn in der Personalwirtschaft das Sachziel als die Durchführung einer objektorientierten Personalbetreuung definiert wird, sind die Formalziele die geeigneten unterstützenden Instrumente. Die Formalziele basieren allgemein auf den Gestaltungsprinzipien Schnelligkeit, Genauigkeit, Vollständigkeit, Rechtzeitigkeit, Sicherheit, Aktualität, Vertraulichkeit, Zweckmäßigkeit und Wirtschaftlichkeit.[7] Inhaltlich lassen sich die Formalziele drei Gruppen zuordnen: wirtschaftliche, individual-soziale und flexibilitätsorientierte Ziele.[8]

Wirtschaftliche Ziele	Individual-soziale Ziele	Flexibilitätsorient. Ziele
Minimierung der Durchlaufzeiten	Vermeidung von monotonen und zusammenhanglosen Arbeiten	Reduzierung der Ansprechpartner
Maximierung der Kapazitätsauslastung	Einräumen von Mitsprache- und Entscheidungsrechten	Bewältigung eines wechselnden Arbeitsanfalls
Qualitative Sicherung d. Informationsverarbeitung	Aufrechterhaltung persönlicher Kontakte	
Minimierung der Redundanzen		

Abb. 7: Formalziele in der Personalwirtschaft

Problematisch bleibt die schwierige, oder überhaupt nicht mögliche, Quantifizierung der Ziele. Auch die vom IBD durchgeführte Untersuchung konzentrierte sich in erster Linie auf qualitative Aspekte. Um einer aus dem Fertigungsbereich stammenden Produktivitätsdiskussion, die vorwiegend auf Mengengrößen basiert, entgegenzutreten, wird daher häufig von einer qualitativen Rationalisierung gesprochen.[9] Die qualitativen Ergebnisse dienen dann als Grundlage für weiterführende, quantitativ orientierte Detailuntersuchungen.

---

[6] Vgl. GROCHLA,E., Grundlagen, 1982, S.163 f.; eine andere Klassifizierung der Ziele nehmen vor: LIEBELT,W./ SULZBERGER,M., Grundlagen, 1989, S.54.
[7] Vgl. PETERS,G., Büroarbeit, 1990, S.108.
[8] Vgl. GROCHLA,E., Grundlagen, 1982, S.164; PETERS,G., Ablauforganisation, 1988, S.115.
[9] Vgl. ZANGL,H., Durchlaufzeiten, 1985, S.7. Bei dem Versuch einer Quantifizierung geht SCHWETZ für den Fall eines Objektbezugs und eines modernen DV-Einsatzes davon aus, daß Produktivitätssteigerungen von mindestens 15 v.H. und eine Verringerung der Durchlaufzeiten von 30 bis 50 v.H. realisiert werden. Vgl. SCHWETZ,R., Durchlaufzeiten, 1990, S.49.

B.III.2.a. Wirtschaftliche Ziele

Aus ökonomischer Sicht werden die folgenden Ziele angestrebt:[10]

- **Minimierung der Durchlaufzeit**
  Die Durchlaufzeit kann im Bereich der Personalwirtschaft als die zeitliche Differenz zwischen dem Prozeßanstoß (z.B. der Einstellung eines neuen Mitarbeiters) und der Fertigstellung der Leistung (z.B. die Gehaltsabrechnung) bestimmt werden. Im einzelnen besteht die Durchlaufzeit aus folgenden Zeitanteilen: Bearbeitungs-, Transformations-, Abstimmungs- und Kontroll-, Transport-, Rüst- und Liegezeiten.[11] Wesentlich ist der Versuch, Zeiten, die nicht zu einer Wertsteigerung führen, zu minimieren. Aber auch Zeiten, die zur Wertsteigerung beitragen, sind daraufhin zu überprüfen, ob sie nicht überflüssig oder zu aufwendig sind.[12]

Führt man sich vor Augen, daß in der Regel als Folge überhöhter tayloristischer Arbeitsteilung die Bearbeitungszeit nur etwa drei bis fünf Prozent der gesamten Durchlaufzeit ausmacht[13], wird verständlich, warum die Einwirkung hierauf dringend notwendig ist. Es kommt nicht unbedingt darauf an, die einzelnen Verrichtungen zu optimieren, sondern der gesamte Prozeß muß beschleunigt werden.

In der Personalwirtschaft der Forschungs-Gesellschaft ist besonders eine Einwirkung auf die Abstimmungs- und Kontroll-, Transport- und Liegezeiten angebracht.

Nach dem externen Abrechnungslauf werden im Sachgebiet Lohn- und Gehaltsabrechnung sämtliche alte Lohnkonten mit den neuen Lohnkonten verglichen.[14] Dies entspricht der Forderung nach fehlerfreien Informationen. Zweifellos sind Prüfmechanismen einzusetzen. "Arten diese Bemühungen allerdings in einen Perfektionismus aus, werden beide Zeitanteile [Abstimmungs- und Kontrollzeit] als außerordentlich störend empfunden."[15] Gemäß der Forderung nach Wirtschaftlichkeit, darf der Aufwand für die Überprüfung nicht höher sein als der Ertrag aus den entdeckten Abrechnungsfehlern. Nach den Erfahrungen bei der FoG rechtfertigen die gefundenen Fehler keine Voll-Kontrolle. Empfehlenswert ist eine

---

[10] Vgl. PETERS,G., Büroarbeit, 1990, S.108.
[11] Vgl. ZANGL,H., Durchlaufzeit, 1985, S.79.
[12] Vgl. VOGLER,P., Entbürokratisierung, 1989, S.121. ZANGL verbindet das von NORDSIECK eingeführte Bild des 'Unternehmens als Strom' mit einer modernen Terminologie. Um überflüssige Zeiten auszuschalten fordert er eine 'Just-in-Time'-Denkweise auch im Büro. Vgl. ZANGL,H., Just-in-Time, 1990, S.6-13.
[13] Vgl. SCHWETZ,R., Durchlaufzeiten, 1990, S.46.
[14] Vgl. Abschnitt B.II.3., S.11.
[15] PETERS,G., Ablauforganisation, 1988, S.120.

stichprobenartige Überprüfung der kritischen Fälle. Damit kann die Kontrollzeit in der FoG von jetzt fünf bis sechs Tagen auf einen Tag verkürzt werden.

Transportzeiten resultieren aus der Übertragung vom Sender zum Empfänger. Je stärker arbeitsteilig gearbeitet wird, desto länger sind die Transportzeiten. Gravierend wirken sich Transportzeiten auf die Durchlaufzeit aus, solange Informationen auf traditionellen Papierbelegen ausgetauscht werden. In der heutigen Organisation der FoG spielt die Transportzeit eine bedeutende Rolle, da sowohl verrichtungsbezogen gearbeitet wird als auch Informationen auf Papierbelegen bzw. auf Mikrofiches ausgetauscht werden. Für den Fall einer dialogorientierten DV-Unterstützung und einer objektorientierten Organisation sind die Transportzeiten vernachlässigbar gering.[16]

Liegezeiten "sind ihrem Wesen nach völlig unproduktiv".[17] Ablaufbedingte Liegezeiten sind dadurch zu erklären, daß der gleiche Vorgang in unterschiedlichen Sachgebieten und von unterschiedlichen Mitarbeitern bearbeitet wird. Bei einer objektorientierten Organisation kann der gesamte Vorgang "am Stück" von einem Mitarbeiter oder in der Gruppe bearbeitet werden. Dieser bei der jetzigen Organisation

> "fehlende, nicht auf das Objekt ausgerichtete Blick führt im Büro nicht nur zu einer unterlassenen permanenten Schwachstellenbeseitigung, sondern auch zu einer ökonomisch gefährlichen Unterbewertung der Durchlaufzeit."[18]

- **Maximierung der Kapazitätsauslastung**

Ein weiteres wirtschaftliches Ziel ist eine möglichst hohe und gleichmäßige Auslastung der Mitarbeiter. "Jeder Aktionsträger soll mit dem maximalen Pensum an Arbeit belastet werden, zu dessen Erledigung er unter Berücksichtigung seiner quantitativen und qualitativen Leistungsfähigkeit innerhalb der vorgegebenen Arbeitszeit in der Lage ist."[19] Die gesamte zur Verfügung stehende Arbeitszeit, d.h. ohne Erholungs-, und Essenszeiten, setzt sich aus der Bearbeitungs-, Rüst- und Leerzeit zusammen. Mit anderen Worten: Das Ziel besteht darin, die Leerzeiten gegen Null streben zu lassen.

- **Sicherung der Qualität der Informationsverarbeitung**

Dieses Ziel bezieht sich auf die räumliche und zeitliche Verfügbarkeit der Informationen. Die Kontrollaufgaben sollen richtig und vollständig ausgeführt werden. Hieraus ergibt sich eine Konkurrenz zu dem Ziel der Minimierung von Durchlaufzeiten. Je kürzer die Kontrollzeiten, desto niedriger ist die Durchlaufzeit, aber desto höher ist auch die Gefahr einer fehlerhaften oder nicht vollständigen Arbeit. Daraus resultiert die bereits oben angesprochene Forderung nach einer stichprobenartigen Kontrolle.

---

[16] Vgl. LIEBELT,W./ SULZBERGER,M., Grundlagen, 1989, S.59.
[17] Vgl. ZANGL,H., Durchlaufzeiten, 1985, S.90.
[18] SCHWETZ,R., Durchlaufzeiten, 1990, S.44.
[19] Vgl. PETERS,G., Ablauforganisation, 1988, S.123.

- **Minimierung der Redundanzen**

  Eine Mehrfacherfassung von Personaldaten kann durch eine Aufgabenintegration, eine Bereinigung des Formularwesens und vor allem durch eine integrierte DV-Unterstützung weitgehend verhindert werden. In der Sachbearbeitung, in den Instituten und bei den neuen Mitarbeitern müssen dann nicht mehr getrennt voneinander die gleichen Daten erhoben werden. Die *Abb. 8* zeigt diese unproduktive, oftmalige Erfassung von Daten innerhalb der jetzigen funktionalen Organisation.

Datenarten Bearbeitende Stelle und auszufüllende Formulare, bzw. Masken	Personal-Nr.	Laufzeit Vertrag	Vergütungs-Gruppe	Name	Anschrift	Geb.-Datum
SG1 - Bearbeitung Stellenplan						
Interne Ausschreibung			m	m		
Fortschreibung Stellenplan (Kladde)			m	m		
institutsbezogene Fortschreibung			m	m		
Verteiler						
Korrektur Stellenplan			DV	DV		
Fol						
Checkliste				m	m	
Tätigkeitsdarstellung			m	m	m	m
Unterrichtung des BR			m	m	m	m
Mitarbeiter						
Personalangaben				m	m	
Personalbogen				m	m	m
Ortszuschlag	m		m	m	m	m
Sozialversicherung				m	m	
SG1 - Vertragsschreibung						
Eingabe Personal-Daten	DV		DV	DV	DV	
Löschen im Stellenplan						
SG1 - Mikroverfilmung						
Vorblatt	m		m	m	m	m
Anforderung der fehlenden Unterlagen				m	m	
SG2 - Vergütungsabrechnung						
Festsetzung Brutto-Vergütung			m			
VBL-Anmeldung			m	m		
AKDB-Anmeldung	m		m	m	m	m
Datenerfassung (extern)	DV	DV		DV	DV	
SG1 - Mikroverfilmung						
Antrag Beschäftigungszeit				m	m	
Festsetzung Beschäftigungszeit			m	m	m	
Quittung Beschäftigungszeit				m	m	
Mitarbeiter						
Quittierung				m		
Anzahl der Erfassungen gesamt	5	7	10	18	11	9
davon DV	2	2	2	2	2	0

m = manuelle Eingabe   DV = DV-gestützte Eingabe

Abb. 8: Redundante Erfassung ausgewählter Daten bei der Neueinstellung

B.III.2.b. Individual-soziale Ziele

Im Hinblick auf die Gestaltung der Büroarbeit sind nicht nur wirtschaftliche Zielgrößen zu berücksichtigen. Auch die Vorstellungen der Mitarbeiter sollten einbezogen werden. So kann die Arbeitszufriedenheit erhöht und damit eine Leistungssteigerung erreicht werden. In der neueren Betriebswirtschaftslehre wird das Ziel der Zufriedenheit der Mitarbeiter ausdrücklich berücksichtigt.[20] Noch ein weiterer Aspekt ist zu beachten. Wenn nach BAT entlohnt wird, ist es in Ballungsräumen, bedingt durch die besser bezahlende privatwirtschaftliche Konkurrenz, oftmals schwierig, qualifizierte Mitarbeiter im Unternehmen zu halten. Durch verstärkte Einbeziehung von individual-sozialen Zielen kann mittels einer erhöhten Motivation der Mitarbeiter der Versuch unternommen werden, auf diesem Weg eine bessere Identifikation mit dem Arbeitgeber zu erreichen. Dieses Vorhaben wird durch eine objektorientierte Organisation wesentlich besser unterstützt als durch eine funktional ausgerichtete Organisation. Im folgenden werden daher die wichtigsten individual-sozialen Ziele kurz dargestellt.

- **Vermeidung von monotonen und zusammenhanglosen Arbeiten**
  "Statt verrichtungsbezogener Spezialisierung auf eine einzige Handlung sollen abwechslungsreiche Tätigkeitsfelder geschaffen werden. Durch die Zuordnung verschiedener, nicht inhaltsgleicher Arbeitsgänge wird einer Monotonie der Arbeit vorgebeugt."[21] Die Arbeitsgänge sollen so verteilt werden, daß eine ganzheitliche Aufgabenerfüllung bei einem Sachbearbeiter möglich ist (z.B. die Betreuung eines Mitarbeiters vom Eintritt bis zum Ausscheiden).

- **Einräumen von Mitsprache- und Entscheidungsmöglichkeiten**
  Die Partizipationsmöglichkeiten können für den einzelnen verbessert werden, indem Mitsprache- und Entscheidungsmöglichkeiten delegiert werden.

- **Schaffung und Aufrechterhaltung persönlicher Kontakte**
  Je stärker sich die DV-technische Unterstützung in der Büroarbeit durchsetzt, desto mehr ist auf die Schaffung und Aufrechterhaltung von persönlichen Kontakten zu achten. Bei fehlenden Kontakten kann dies negative Auswirkungen auf Quantität und Qualität der Arbeit haben.[22] Eine Reorganisation im Hinblick auf einen verstärkten Objektbezug sollte auch aus diesem Grund die Bearbeitung in kleineren Gruppen beinhalten.

---

[20] Vgl. THOM,N., Innovationsmanagement, 1980, S.38.
[21] PETERS,G., Ablauforganisation, 1988, S.126.
[22] Vgl. PETERS,G., Ablauforganisation, 1988, S.127.

B.III.2.c. Flexibilitätsorientierte Ziele

- **Reduzierung der Ansprechpartner**
  Eine flexible Personalwirtschaft zeichnet sich durch eine Verringerung der Ansprechpartner für die Mitarbeiter bzw. für die Institute aus. Aufgrund der häufigen Kontakte ist so auch ein besserer Einblick in die Probleme vor Ort vorhanden. Damit ist bei der ZV die erforderliche erhöhte Akzeptanz in den Instituten zu erreichen. Diese Serviceverbesserung wird von vielen Unternehmen nach einer Reorganisation als besonders positiv herausgestellt.[23]

- **Bewältigung eines wechselnden Arbeitsanfalls**
  Gerade im Bereich der Personalwirtschaft ist die Bewältigung eines wechselnden Arbeitsanfalls eine Notwendigkeit. Bedingt durch den Termin für die Lohn- und Gehaltsabrechnung, tritt die Arbeit vermehrt in der ersten Monatshälfte auf. Außerdem ist eine möglichst reibungslose Vertretung im Falle von Krankheit oder Urlaub angesprochen. Hier besteht in der ZV Handlungsbedarf, da z.b. im Sachgebiet 2 (Abrechnung) keine Urlaubsvertretung eingesetzt wird. Entsprechend lange können wichtige Vorgänge unerledigt bleiben.

B.III.3. Analyse der Büroarbeit in der Personalwirtschaft als Voraussetzung für eine objektorientierte Organisation

Bevor eine Reorganisation der Personalwirtschaft vorgenommen werden kann, muß die Arbeit in dieser Abteilung im Hinblick auf ihre objektbezogene Tauglichkeit untersucht werden. Weitere Voraussetzungen betreffen die Qualifikation der Mitarbeiter und die Frage nach der Zusammensetzung der Bearbeitungsgruppen.

B.III.3.a. Aufgabentypen in der Büroarbeit

Nicht alle Aufgaben eignen sich für einen verstärkten Objektbezug. Je nach Art der Aufgabe ist ein Mehr oder Weniger an Arbeitsteilung und Handlungsautonomie sinnvoll. Für eine Beurteilung der Eignung werden die Aufgaben in Führungs-, Fach-, Sachbearbeitungs- und Unterstützungsaufgaben unterteilt.[24]

---

[23] Vgl GERPOTT,T.J., Perspektiven, 1990, S.619.
[24] Diese Unterteilung hat sich in der Literatur durchgesetzt. Vgl. SZYPERSKI,N. et al., Typologie, 1982, S.6-39. Eine ähnliche Unterteilung nehmen vor: PICOT,A./ REICHWALD,R., Bürokommunikation, 1987, S.70 f.

Führungsaufgaben sind komplexe und kaum strukturierbare Handlungen. Es wird ein breit gestreutes Wissen gefordert, um auch über fachspezifische Fragestellungen hinaus Kompetenz demonstrieren zu können. Der Anteil an kommunikativen Aktivitäten (Telefongespräche, Sitzungen etc.) ist groß, wobei eine Hauptaufgabe die Führung und Motivation der Mitarbeiter betrifft. Eine feinere Unterteilung in obere, mittlere und untere Führungsaufgaben kann vorgenommen werden.

Wenn von einem Objektbezug in der Personalwirtschaft die Rede ist, scheidet die Führungstätigkeit aus, da es aufgrund der hohen funktionalen Anforderungen nicht sinnvoll ist, eine Aufgabenintegration anzustreben.[25] Hier liegt das Rationalisierungspotential eher in der Schaffung von verbesserten Arbeits- und Infrastrukturbedingungen für die Kommunikation.[26]

Auf der anderen Seite kommt den Führungskräften bei der Umsetzung einer objektorientierten Organisation entscheidende Bedeutung zu. Bei ihnen muß "die Bereitschaft zur Vornahme grundlegender struktureller Änderungen [bestehen], damit die Organisation den gegenwärtigen und zukünftigen Anforderungen entsprechen kann."[27]

Fachaufgaben sind bereits stärker strukturierbar, da sie die Bewältigung von wiederkehrenden Abläufen verlangen. Es wird ein umfangreiches Fachwissen zur Lösung von speziellen Fachproblemen benötigt. Auch bei diesem Aufgabentyp spielt die mündliche Kommunikation noch eine bedeutende Rolle. Insbesondere die vertikale Kommunikation, d.h. die Betreuung von Sachbearbeitungsaufgaben und die Weiterleitung von Informationen an die Führungskräfte trägt zu dem relativ hohen Anteil bei. Beispielhaft für diesen Aufgabentyp seien qualifizierte Spezialisten oder Sachgebietsleiter in den Fachabteilungen genannt.

Analog zu den Führungstätigkeiten gilt auch für die Fachtätigkeiten, daß wegen der hohen funktionalen Anforderungen eine Aufgabenintegration nicht sinnvoll ist. Ansonsten ist durch den Verlust von Spezialwissen eine verzögerte Aufgabenabwicklung zu befürchten.

Sachbearbeitungsaufgaben sind gut strukturierbar, da es sich vielfach um Routinetätigkeiten handelt. Bei der laufenden Bearbeitung wiederkehrender Sachverhalte herrschen weitgehend einfache Problemstellungen vor. Durch die starke Aktenorientierung spielt die mündliche Kommunikation keine große Rolle. Sie ist in

---

[25] Vgl. NIPPA,M., Büroorganisation, 1991, S.438.
[26] Zu diesem Zweck eignet sich speziell auf Führungskräfte abgestimmte Software, die Executive Information Systems (EIS). Vgl. SCHNEIDER,M., Sendung mit der Maus, 1991, S.121-125.
[27] BLEICHER,K., Unternehmensentwicklung, 1976, S.4.

vertikaler Richtung auf die Kooperation mit dem Träger der Fachaufgaben beschränkt und in horizontaler Richtung auf die Kommunikation zwecks Informtionsbeschaffung bei anderen Sachbearbeitern. Das Wissen beschränkt sich oft nur auf ein Spezialwissen bei genau definierten Sachverhalten.

Dieser Aufgabentyp ist für eine Aufgabenintegration und damit für die Schaffung eines Objektbezugs am besten geeignet. Hier lassen sich die im vorigen Abschnitt besprochenen Ziele am wirkungsvollsten realisieren.

> "In der Aufgabenwelt der administrativen Sachaufgaben liegt ein großes Rationalisierungspotential in der Rückführung einer heute extrem verrichtungsorientierten Arbeitsteilung. Aufgabenintegration im Sinne einer Umkehr von der verrichtungsorientierten zur objektorientierten Arbeitsteilung findet auch in weiten Bereichen der kaufmännischen Sachbearbeitung ... bevorzugtes Interesse, so z.B. in der Bürokommunikation."[28]

Unterstützungsaufgaben sind sehr gut strukturierbare ausführende Tätigkeiten. Sie unterstützen die Tätigkeiten der drei oben genannten Aufgabentypen z.B. bezüglich der Informationsver- und bearbeitung, d.h. durch das Schreiben der Korrespondenz oder der Speicherung von Informationen. Dadurch bedingt, ist nur geringes Fachwissen erforderlich. Die mündliche Kommunikation nimmt, mit Ausnahme von Sekretariatstätigkeiten, eine unbedeutende Rolle ein.

Das Rationalisierungspotential für diesen Aufgabentyp liegt in der verstärkten Einführung neuer Informations- und Kommunikationstechniken. Durch die Weiterentwicklung dieser Techniken wird der Anteil der in Unterstützungsaufgaben tätigen Mitarbeiter stark abnehmen. Die Technik sorgt tendenziell für eine Substitution dieser Arbeitskräfte.[29]

B.III.3.b. Übertragung auf die Personalwirtschaft

Bei einer Übertragung dieser Aufgabentypen auf die Personalwirtschaft in der Zentralverwaltung der untersuchten FoG zeigt sich, daß das zuständige Vorstandsmitglied, der Hauptabteilungsleiter Personal und Recht sowie der Abteilungsleiter Personalwirtschaft, die Führungsaufgaben wahrnehmen. Sie sind vom Tagesgeschäft je nach Hierarchiestufe mehr oder weniger weit entfernt. Im Hinblick auf die Personalwirtschaft obliegt ihnen beispielsweise die Vorgabe der Bearbeitungsrichtlinien oder auch die Durchführung von Reorganisationsaufgaben. Über die Grenzen der ZV hinaus informieren sie die Instituts- und Verwaltungsleiter der FoI. Zudem repräsentieren diese Führungskräfte die Forschungs-Gesellschaft in personalwirtschaftlichen Fragen auf externen Veranstaltungen.

---

[28] REICHWALD,R., Entwicklungstrends, 1991, S.402. Vgl. auch NIPPA,M., Büroorganisation, 1991, S.438.
[29] Vgl. KILIAN-MOMM,A., Dezentralisierung, 1989, S.153.

Fachaufgaben werden in der Personalwirtschaft von den drei Sachgebietsleitern wahrgenommen. Sie verfügen über spezielles Fachwissen in den Gebieten Arbeits-/ Tarifrecht, Abrechnungs-/ Steuerfragen, sowie den Bereichen der Reise-/ Umzugskosten, Trennungsgeld, Beihilfen. Bei Fachfragen dienen sie als Ansprechpartner des Abteilungsleiters und als Berater ihrer Mitarbeiter in den Sachgebieten.

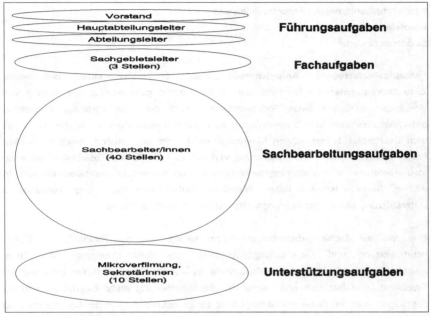

Abb. 9: Aufgabentypen in der ZV-Personalwirtschaft[30]

Wie aus Abb. 9 hervorgeht, sind die Mitarbeiter überwiegend der Sachbearbeitung zuzuordnen. Dort werden die eigentlichen Aufgaben der Personalwirtschaft wie Vertragsschreibung, Vergütungsabrechnung, Reisekostenabrechnung, Festsetzung der Beschäftigungs- und Dienstzeiten etc. erledigt.[31] Unterstützungsaufgaben werden vom Sekretariat des Abteilungsleiters sowie von Mitarbeitern wahrgenommen, die mit der Mikroverfilmung betraut sind.

Damit bleibt festzustellen, daß sich die Abteilung Personalwirtschaft mit ihrer großen Anzahl von Sachbearbeitungsaufgaben für eine objektorientierte Organisation sehr gut eignet.

---

[30] Die Verteilung der Stellen auf die Aufgabentypen ist entsprechend den Organigrammen der ZV vorgenommen worden.
[31] Zu den Elementaraufgaben in der Personalwirtschaft s. Abb.4, S.9.

B.III.3.c. Qualifikation der Mitarbeiter

Der Erfolg oder Mißerfolg der angestrebten Arbeitsform ist maßgeblich von den Mitarbeitern und deren Qualifikation abhängig.[32] Für den organisatorischen Bereich sind in der FoG-ZV dabei im wesentlichen

- fachaufgabenbezogene Anforderungen und
- soziale Anforderungen

zu unterscheiden.[33]

Fachaufgabenbezogene Anforderungen meint in erster Linie, daß mehr Zusammenhangwissen erforderlich sein wird. Für die ganzheitliche Bearbeitung von Vorgängen bezüglich eines FoG-Mitarbeiters muß der Sachbearbeiter Kenntnisse aufweisen, die über sein ursprüngliches Fachgebiet hinausgehen. Es ist für einen aus dem Sachgebiet 1 kommenden Mitarbeiter nicht mehr ausreichend, lediglich mit den Fragen der Ein- oder Höhergruppierung vertraut zu sein. Er muß beispielsweise auch steuerrechtliche oder vergütungstechnische Fragen kompetent beurteilen können. In diesem Bereich ist ein hoher Fortbildungsbedarf erkennbar. Eine konsequente Unterstützung seitens der Führungskräfte ist hierbei Voraussetzung.

Eine weitere fachaufgabenbezogene Anforderung ist die Fähigkeit zu Eigenverantwortung und Entscheidungsautonomie. Die volle Umsetzung der Ziele, insbesondere im Hinblick auf eine Verkürzung der Durchlaufzeiten und eine Erhöhung der Flexibilität, entfaltet sich erst, wenn der Sachbearbeitung mehr Eigenverantwortung übertragen wird. Im Sinne des Management by Exceptions[34] kann die Sachbearbeitung bei Routinefällen selbständig entscheiden, der direkte Vorgesetzte wird nur bei komplizierten Einzelfällen hinzugezogen. So ist es bei entsprechender DV-Unterstützung unnötig, die ermittelten Brutto-Beträge für die Abrechnung nochmals vom Vorgesetzten kontrollieren zu lassen. Weiterhin kann die Kontrolle der Verträge beim direkten Vorgesetzten entfallen. Die Akten werden direkt an den Abteilungsleiter zur Unterzeichnung weitergeleitet. Auch hier ist ein Fortbildungsbedarf zu sehen. Die Mitarbeiter sind nicht nur im Hinblick auf mehr Eigenverantwortlichkeit zu schulen, sie müssen auch ihre Autonomiegrenzen erkennen können.

Ein zutreffendes Resümee zieht NIPPA:

> "Die Sachbearbeitung stellt einen Schwerpunkt der derzeitigen Qualifikationsanforderungen dar. Gerade hier wird die enge Verbindung zwischen organisatorischen Gestaltungsansätzen und

---

[32] Vgl PETERS,G., Ablauforganisation, 1988, S.140.
[33] Eine erweiterte allgemeine Übersicht bietet REICHWALD,R., Entwicklungstrends, 1991, S.403.
[34] Vgl. GROCHLA,E., Unternehmungsorganisation, 1983, S.229-231.

personellen Maßnahmen ... deutlich. Neben den erweiterten Qualifikationsanforderungen, die durch die Aufgabenintegration ... notwendig werden, ist eine Veränderung der Einstellung zur Arbeitssituation und die Bereitschaft zur Verantwortung zu fördern."[35]

Da es sich bei den Aufgabenträgern um Menschen handelt, dürfen die **sozialen Anforderungen** nicht vergessen werden. Die ganzheitliche Bearbeitung in der Personalwirtschaft bringt es mit sich, daß die Sachbearbeitung Kenntnisse über alle personenbezogenen Daten erhält. Noch mehr als bislang ist eine Verantwortlichkeit im Umgang mit diesen Daten erforderlich.

Die Bearbeitungsgruppen bestehen aus Mitgliedern der bisher getrennten Sachgebiete. Besonders in der Anfangsphase wird es zu einem regen Austausch von Spezialwissen kommen. Bei den Mitarbeitern muß daher die Fähigkeit zur Qualifikationsweitergabe geschult werden. Es darf nicht so sein, daß die eigenen Fähigkeiten als "Herrschaftswissen" gehortet werden, um dadurch möglicherweise einen Vorteil zu erlangen. Die Gruppenmitglieder müssen untereinander eng zusammenarbeiten. Für einen reibungslosen Ablauf erweisen sich daher bei der Auswahl der Gruppenmitglieder team-orientierte Anforderungen als dominant.

Verantwortlich für die Herausbildung dieser Fähigkeiten sind die Führungskräfte. In der Personalwirtschaft der FoG obliegt es im besonderen dem Abteilungsleiter, die Personalentwicklung in enger Absprache mit der Abteilung B1 (Personalentwicklung) zu intensivieren. So können die Fähigkeiten und das Verhalten der Mitarbeiter den künftigen Anforderungen der Organisation angepaßt werden. Dies ist sowohl "aus motivationstheoretischer Sicht als auch aufgrund der Notwendigkeit einer gezielten Personalentwicklung 'on the job'" [notwendig]. Der Führungserfolg wird zudem von der Fähigkeit abhängen, Kooperation in Formen der Teamarbeit erfolgreich zu organisieren."[36]

Ein wichtiger Ansatzpunkt ist die Intensivierung der Personalgespräche. Jeder Mitarbeiter muß in regelmäßigen Abständen von seinem Vorgesetzten vergangenheitsbezogen über seine Leistungen und zukunftsbezogen über seine Befähigungen unterrichtet werden. Auch in der öffentlichen Verwaltung wird diesem Aspekt mehr und mehr Aufmerksamkeit geschenkt, so z.B. in den neuen Personalentwicklungskonzepten den Bundes.[37] Man erhofft sich dadurch eine erhöhte Identifikation, Entwicklung von Eigenständigkeit, Transparenz von Karrierechancen und eine erhöhte Flexibilität.

---

[35] NIPPA,M., Büroorganisation, 1991, S.443.
[36] PASCHEN,K., Personalorganisation, 1988, S.239.
[37] Vgl. SIEDENTOPF,H., Öffentliche Verwaltung, 1992, Sp.1931.

B.III.3.d. Zusammensetzung der Bearbeitungsgruppen

Nach dem Eintreffen der Unterlagen aus den Instituten werden diese komplett der jeweiligen Sachbearbeitung zugeleitet. Es wurde bereits dargelegt, warum die Bearbeitung in kleineren Gruppen erfolgen sollte. Die Anzahl der Teammitglieder ist variabel, sie sollte bei vier bis fünf Mitarbeitern liegen. Um das notwendige Spezialwissen vorrätig zu halten, ist bei der Zusammenstellung darauf zu achten, daß in jede Gruppe mindestens ein Mitarbeiter aus den bisherigen Sachgebieten einbezogen wird. Aus psychologischen Aspekten sind auch persönliche Sympathien oder Antipathien zu beachten. Nach den Beobachtungen in der ZV sollte dies jedoch kein größeres Problem darstellen.

Die konkrete Anzahl der Gruppenmitglieder richtet sich nach der Größe der zu betreuenden Institute. Die Zuteilung der FoI auf die Gruppen erfolgt nach regionalen Aspekten. So sind größere, personalwirtschaftlich relevante Gemeinsamkeiten zu erwarten als bei einer Einteilung nach anderen Kriterien, z.B. nach Forschungsschwerpunkten bzw. Fachbereichen. Dabei ist vor allem an unterschiedliche gesetzliche und tarifliche Regelungen im Westen und Osten Deutschlands zu denken.

Durch die geringe Anzahl von Mitarbeitern in dem "Personal-Pool" ist einerseits die Überschaubarkeit gewährleistet, andererseits läßt sich das fachspezifische Wissen schnell und unkompliziert übertragen. Zur Gewährleistung eines reibungslosen Arbeitsablaufs ist in der Einarbeitungszeit eine schwerpunktmäßige Spezialisierung der Mitarbeiter auf ihr bisheriges Fachgebiet sinnvoll. Während der Einarbeitungszeit von ein bis zwei Jahren ist eine Mengenteilung vorzunehmen und jedes Teammitglied schrittweise für einen selbständig zu bearbeitenden Personalstamm aus den jeweils zugeordneten Instituten verantwortlich.

In Anlehnung an die Literatur werden die Sachbearbeiter bei einer Objektorientierung **Personalreferenten** genannt.[38] Die aus mehreren Mitarbeitern zusammengesetzte Gruppe soll als **Referat** bezeichnet werden.

---

[38] Vgl. u.a. Domsch,M./ Gerpott,T.J., Organisation, 1992, Sp.1943; PASCHEN,K., Personalorganisation, 1988, S.239.

B.III.4. Büroarbeit in der Personalwirtschaft als objektorientierter Prozeß

Nachdem die Voraussetzungen für einen stärkeren Objektbezug besprochen wurden, soll nun ein Vorschlag für die künftige organisatorische Gestaltung gemacht werden.

Bei einer stärker objektorientierten Strukturierung werden ungleichartige Aufgabenfelder in der Personalwirtschaft nach Objekten - nämlich nach Instituten - geographisch geordnet zusammengefaßt. Eine solche Zusammenfassung hat sowohl ablauf- wie auch aufbauorganisatorische Konsequenzen.[39]

In einem Aufgabenfeld werden im Prinzip *alle* Funktionen für *einen* Mitarbeiter wahrgenommen. Die Aufgabenintegration umfaßt die beiden bislang größten Sachgebiete 1 und 2 sowie teilweise das Sachgebiet 3.

> "Um darüber hinaus eine Überforderung dieser Generalisten zu vermeiden und einen gewissen Spezialisierungsvorteil zu erhalten, ist es sinnvoll, für ausgewählte Funktionen zentrale Dienste beizubehalten ... , die die Personalreferenten bei Spezialfragen ... unterstützen."[40]

Das künftig verkleinerte, bisherige Sachgebiet 3 wird als Referat 5 weiterhin "referatsübergreifend die Bewältigung besonders komplexer Spezialaufgaben [Reisekosten, Trennungsgeld, Umzugskosten, Beihilfen] übernehmen"[41]. Dies sind Vorgänge, die für die Bearbeitung in den Referaten entweder zu komplex oder mengenmäßig zu unbedeutend sind, um hierfür umfangreiches Know-how in den Pools zu binden.

Bei den Reisekosten ist eine Beschränkung auf wenige Fälle vorgesehen (Überseereisen, Reisen der Institutsleiter). Die übrigen Anträge werden entweder direkt in den Instituten oder den Referaten 1 bis 4 bearbeitet. Somit wird mehr Freiraum für die Betonung des Service-Charakters geschaffen.

Die Positionen der Referatsleiter können die bisherigen Sachgebietsleiter einnehmen, die beiden weiteren Leitungs-Stellen sind von geeigneten Mitarbeitern zu besetzen, z.B. von den Stellvertretern der jetzigen Sachgebietsleiter. Da sich Fachaufgaben nicht für eine verstärkte Aufgabenintegration eignen[42], ist es sinnvoll, daß die Referatsleiter neben ihren objektorientierten Zuständigkeiten weiterhin funktional spezialisiert bleiben. Damit können sie beratend zur Verfügung stehen, falls fachliche Fragen von den Referenten

---

[39] Entscheidend ist, daß sich der Aufbau an dem Ablauf der Prozesse orientiert, damit nicht schon von vornherein wesentliche Beziehungen determiniert sind. Vgl. hierzu BELLMANN,K./ WITTMANN,E., Arbeitsstrukturierung, 1991, S.489.
[40] PASCHEN,K., Personalorganisation, 1988, S.239.
[41] GERPOTT,T.J., Perspektiven, 1990, S.620.
[42] Vgl. Unterabschnitt B.III.3.a., S.21

nicht beantwortet werden können. Innerhalb der Pools ist eine direkte Weiterleitung der informationssuchenden Instituts-Mitarbeiter an fachkundige Kollegen nicht vorgesehen, weil die einheitliche Bearbeitung bei Personalfragen gewährleistet sein soll. Jeder FoG-Mitarbeiter hat also weitgehend in allen Personalangelegenheiten nur einen Referenten als Ansprechpartner.

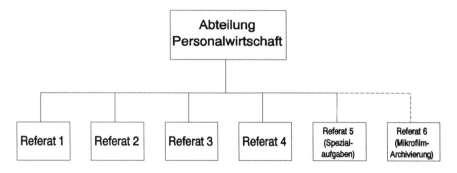

Abb. 10: Soll-Aufbauorganisation der Personalwirtschaft[43]

Ausgehend von Erfahrungen anderer Forschungsgesellschaften, ist eine umfassende Bearbeitung von etwa 400 bis 600 Mitarbeitern pro Referent realistisch. Somit können die Aufgaben der Personalwirtschaft dann von etwa 20 bis 25 Referenten, d.h. von rund der Hälfte der heutigen Belegschaft wahrgenommen werden. Die Mikroverfilmung wird zunächst auf die reine Archivierung zurückgeführt. Langfristig werden moderne DV-technische Möglichkeiten die Mikroverfilmung überflüssig machen.[44] Im Verbund mit DV-technischen Lösungen ergibt sich damit ein erhebliches Rationalisierungspotential.

Die *Abb. 11* faßt die bisherigen Ergebnisse zusammen. Sie zeigt die mögliche Aufteilung der Forschungs-Institute nach geographischen Gesichtspunkten auf die einzelnen Referate und macht deutlich, daß eine DV-technisch unterstützte "Rundum-Sachbearbeitung" angestrebt wird. Die Anzahl der zu betreuenden Institute variiert und hängt von dem Mitarbeiterbestand vor Ort ab. So wird bei der Zuordnung erreicht, daß jedes Referat in etwa gleich viele Mitarbeiter zu betreuen hat.

---

[43] In der ZV werden Personalangelegenheiten von zwei Abteilungen wahrgenommen. Neben der Personalwirtschaft ist dies die Abteilung Personalentwicklung. Im Rahmen einer über die Abteilung Personalwirtschaft hinausgehende Straffung der Aufbauorganisation ist, aufgrund der hohen Datenredundanzen, die Möglichkeit der Zusammenführung beider Abteilungen genauer zu untersuchen.
[44] Vgl. Abschnitt C.I.3., S.49.

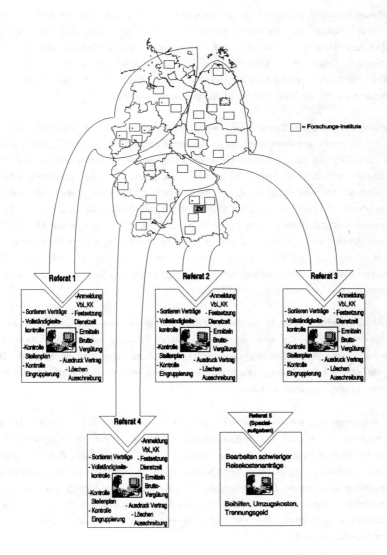

Abb. 11: Objektorientierte Organisation der Personalwirtschaft

Am Beispiel der Betreuung eines BAT-Mitarbeiters soll der verstärkte Objektbezug verdeutlicht werden.

Die ankommenden Vertragsunterlagen werden von dem zuständigen Personalreferenten auf Vollständigkeit und inhaltliche Richtigkeit geprüft, eventuell fehlende Unterlagen werden angefordert. Damit ist eine wesentliche Schwachstelle der bisherigen funktionalen Organisation beseitigt, bei der die Unterlagen dreimal geprüft und gegebenenfalls entsprechend oft angefordert werden. Mit einer einmaligen Kontrolle und Anforderung kann die Durchlaufzeit erheblich reduziert werden.

Anschließend folgt die Bearbeitung des Stellenplans. Er ist der "haushaltsrechtliche Rahmen für die Personalwirtschaft [und] bestimmt damit die allgemeine quantitative und qualitative Ordnung für die Zusammensetzung des gesamten Personalbestandes."[45] Ob die Stelle verfügbar ist, wird DV-gestützt überprüft. Es folgt gegebenenfalls die Löschung der Stellenausschreibung und die Prüfung und Beurteilung der Eingruppierung. Zur weiteren Verkürzung der Durchlaufzeit trägt die dezentrale Eingabe der für die Vertragsschreibung notwendigen Daten in den FoI bei.[46] Ohne erneute Eingabe kann nun der Arbeitsvertrag auf der Grundlage der von den Instituten per Datenträger oder Datenfernübertragung (DFÜ) zeitgleich mit den Vertragsunterlagen übermittelten Daten generiert werden. Anschließend erfolgt aufgrund der vorliegenden Unterlagen die Festsetzung der Beschäftigungs- und Dienstzeiten.

Eine Aufgabenintegration in effizienter Form beinhaltet auch eine Anreicherung von Handlungsautonomie. Bei einer routinemäßigen Bearbeitung ist es daher nicht mehr notwendig, den Arbeitsvertrag dem Referatsleiter zur Kontrolle vorzulegen. Diese Hierarchiestufe kann übersprungen und der Vertrag direkt dem Abteilungsleiter zur Unterzeichnung zugestellt werden.

Der Arbeitsvertrag wird vom Personalreferenten getrennt. Das Original, die erste Durchschrift, der Entwurf und die Festsetzung der Dienstzeit incl. Quittung werden dem neuen Mitarbeiter über das Institut zugestellt. Die unterschriebene Quittung und der unterschriebene Vertrag gelangen dann wieder in die ZV. Der Vertrag wird dem zweiten Durchschlag zugeordnet. Die benötigten Formulare zur Festsetzung der Dienstzeiten werden dem neuen Mitarbeiter direkt bei der Einstellung zusammen mit den übrigen Formularen ausgehändigt. Die bisher übliche getrennte Bearbeitung führt zu unnötig langen Durchlaufzeiten.

---

[45] Vgl. SIEDENTOPF,H., Öffentliche Verwaltung, 1992, Sp.1925.
[46] Zur Beschreibung dieses Ablaufs vgl. Abschnitt B.IV.1., S.37.

Mit Hilfe von DV-technisch gespeicherter Tabellen wird die Brutto-Vergütung ermittelt, und es erfolgt die Anmeldung der Mitarbeiter bei den Sozialversicherungsträgern. Eine Prüfung der errechneten Brutto-Vergütung durch den Referatsleiter ist nicht vorgesehen, da der maschinell ermittelte Betrag bereits eine Kontrolle darstellt, somit können auch hier Abstimmungsprozesse verringert werden.

Selbst wenn weiterhin extern bei der AKDB abgerechnet wird, entfällt durch die on-line Eingabe die Erfassung auf den AKDB-Belegen und die Aufbereitung durch die externe Datenerfassungsstelle. Wirtschaftlicher erscheint allerdings bei einer Größenordnung von rund 8000 Mitarbeitern die Abrechnung innerhalb der ZV ohne Einbeziehung der AKDB.

Ein bedeutender Rationalisierungseffekt wird durch den Wegfall der Voll-Kontrolle erreicht. Anhand von Änderungsprotokollen werden lediglich stichprobenartige Kontrollen der fehleranfälligen Abrechnungen durchgeführt. Dies erscheint unproblematisch, da die Referenten ihre schwierigen Fälle kennen. Im übrigen ist die zwar unwahrscheinliche, aber mögliche Fehlerquelle bei der externen Datenerfassung nun nicht mehr vorhanden. Die Kontrollzeit ist mit dieser Maßnahme auf einen Tag zu verkürzen.[47] Wenn ein zusätzliches Maß an Sicherheit verlangt wird, besteht die Möglichkeit, in bestimmten Abständen eine auf ausgewählte Teilgruppen begrenzte Vollkontrolle durchzuführen. So können z.B. alle männlichen Arbeitnehmer kontrolliert werden, die der Steuerklasse sechs zugeordnet sind.

Die Realitätsnähe der dargestellten Organisationsform wird durch zahlreiche praktische Erfahrungen gestützt. In diesem Zusammenhang sei ausdrücklich an die Reorganisation der Sachbearbeitung bei der Aachener und Münchener Lebensversicherung erinnert. Dieses Projekt wurde gemeinsam mit dem Fraunhofer-Institut für Arbeitswissenschaft und Organisation (IAO) durchgeführt[48].

---

[47] Diese Kontrollzeit ist im Kernforschungszentrum Karlsruhe (KFK) üblich. Das KFK ist mit der untersuchten FoG vergleichbar, was die Anzahl der zu betreuenden Mitarbeiter und die besonderen Schwierigkeiten des öffentlichen Dienstes anbelangt.
[48] Vgl. MÜLLER,F.-J./ MÜNSTER,G.,/ NOCKER,P., Rundum-Sachbearbeitung, 1990, S.14-21.

B.III.5. Grenzen der Aufgabenintegration

Auch wenn es grundsätzlich auf eine Reduzierung tayloristischer Formen der Arbeitsteilung hinauslaufen dürfte[49], ist eine Aufgabenintegration nicht beliebig weit fortzuführen. Es bestehen Grenzen der Integration, die im folgenden skizziert werden.

B.III.5.a. Grenzen bezüglich der Besonderheiten des öffentlichen Dienstes

Die untersuchte Forschungs-Gesellschaft ist zwar eine privatrechtsförmige Organisation, fällt als Bundesverwaltungseinheit jedoch unter das öffentliche Dienstrecht.[50] Einige Strukturmerkmale des öffentlichen Dienstes scheinen eine effiziente Organisation unnötig, aber nachhaltig zu erschweren. Dies betrifft insbesondere:

- die starre Struktur des öffentlichen Dienstrechts, hier besonders des Laufbahnrechts;
- die mangelnden Sanktionen für besonders gute oder schlechte Leistungen und
- die mangelnde Leistungsorientierung im öffentlichen Dienst.[51]

Die ZV leidet darüber hinaus unter der besonderen Arbeitsmarktsituation an ihrem Standort, einer süddeutschen Großstadt. Qualifizierte Sachbearbeiter wandern häufig zu der wesentlich besser bezahlenden privatwirtschaftlichen Konkurrenz ab. Wenn nun Anstrengungen unternommen werden, um die Mitarbeiter besser zu qualifizieren, wird die Gefahr einer noch größeren Abwanderungsbewegung gesehen. Um dieser möglichen Entwicklung entgegenzusteuern, muß eine engere Bindung und Identifikation der Mitarbeiter mit der FoG angestrebt werden. Dazu kann die Hervorhebung anderer als lediglich monetärer Aspekte beitragen. Hierzu zählt z.B. die Betonung der Arbeitsplatzsicherheit oder die verstärkte Durchsetzung von individual-sozialen Zielen (interessante, anspruchsvolle Tätigkeiten, Entscheidungsmöglichkeiten).[52] Auch die Möglichkeit bei einer renommierten Großforschungsgesellschaft zu arbeiten, kann imagefördernd herausgestellt werden. Andere Forschungseinrichtungen wie die Max-Planck-Gesellschaft oder das Kernforschungszentrum Karlsruhe betreiben diese Personalpolitik mit Erfolg. SIEDENTOPF stellt zutreffend fest, daß

> "Beförderung nach Schema und nach Wartezeit statt nach persönlichen Leistungen ... weder im Dienstrecht angelegt [sind], noch werden sie von den öffentlich Bediensteten gutgeheißen ... Das bestehende Dienst- und Haushaltsrecht läßt viel mehr zu, als die Verwaltungspraxis wahr-

---

[49] Vgl.BELLMANN,K., Arbeitsteilung, 1989, S.280.
[50] Vgl. BECKER,B., Öffentliche Verwaltung, 1989, S.316 f.
[51] Vgl. SIEDENTOPF,H., Öffentliche Verwaltung, 1992, Sp.1924.
[52] Vgl. Unterabschnitt B.III.2.b., S.19.

haben will ... Oft fehlt es der Verwaltungsführung an Mut zu konsequentem, systematischem Einsatz und an Durchsetzungskraft gegenüber einer personalwirtschaftlichen Routine."[53]

Auch wenn die FoG-ZV u.a. durch ihre Bindung an den BAT schwierige Verhältnisse vorfindet, ist es aus strategischer Sicht "ratsam, auch Organisationsfragen des Personalwesens zukunftsorientiert und nicht nur relativ zu gestalten."[54]

B.III.5.b. Aufgabenorientierte Grenzen

Bereits in Kap. B.III.3.a. wurde festgestellt, daß sich nur bestimmte Aufgabentypen für eine ganzheitliche Sachbearbeitung eignen. Auch in der FOG-ZV ist eine Integration über die Sachbearbeitung hinaus nicht sinnvoll und kann sogar kontraproduktiv wirken.[55] Daher ist eine gewisse Spezialisierung im Bereich der Fachaufgaben, die von den Referatsleitern wahrgenommen werden, auch in Zukunft empfehlenswert.

B.III.5.c. Ökonomische Grenzen

Ökonomisch sinnvoll ist eine Aufgabenintegration nur dann, wenn die Kostensenkung bzw. Kosteneinsparung nicht von anderen Größen überkompensiert wird. Insbesondere ein Einwirken auf die Lohn- und Gehaltskosten ist angebracht. Eine anspruchsvollere Sachbearbeitung wird auch in der FoG ein erhöhtes Gehaltsniveau zur Folge haben. Das verbessert einerseits die Situation der FoG am Arbeitsmarkt und wird möglicherweise einige Mitarbeiter von einem Wechsel zur privaten Konkurrenz abhalten. Andererseits müssen diese Kosten an anderen Stellen eingespart werden. Dies muß nicht durch Entlassungen geschehen. Durch die Übergangszeit von ein bis zwei Jahren bleibt Zeit, die Belegschaft durch Fluktuation anzupassen. Im übrigen wird durch den Aufbau von Instituten in den neuen Bundesländern der Bestand an FoG-Mitarbeitern weiter steigen. Durch die vorgeschlagene objektorientierte Organisation kann damit ein erhöhtes Arbeitsvolumen von weniger Mitarbeitern in der Personalwirtschaft abgewickelt werden. Diese Einsparung von Personalkosten für neue Mitarbeiter rechtfertigt ein erhöhtes Gehaltsniveau der vorhandenen Belegschaft. Auch die Institute würden in Form von gleichbleibenden oder sogar leicht sinkenden Verwaltungsumlagen von der neuen Organisationsform profitieren.

---

[53] SIEDENTOPF,H., Öffentliche Verwaltung, 1992, Sp.1930.
[54] PASCHEN,K., Personalorganisation, 1988, S.241.
[55] Vgl. BELLMANN,K., Arbeitsteilung, 1989, S.282.

B.III.5.d. Arbeitswissenschaftliche Grenzen

Der einzelne Mitarbeiter kann aufgrund des Umfangs oder der Komplexität von Aufgaben diese nur in bestimmten Grenzen selbständig bearbeiten.

"Neue Techniken werden diese Grenzen zwar verschieben, sie jedoch keineswegs beseitigen, d.h. die begrenzte Informationsverarbeitungskapazität des Menschen wird auch in Zukunft eine mehr oder weniger starke Aufteilung von Aufgaben erforderlich machen, um ökonomisch sinnvolle Produktionsbedingungen realisieren zu können."[56]

Bei einer Überforderung kann die "Komplexität der Aufgabenstellung zu Frustration, Resignation und Angstauslösung" führen[57] und damit ähnliche Auswirkungen haben wie eine Unterforderung, nämlich geringe Arbeitsqualität, hohe Fluktuation und hohe Krankheitsquoten. Ohne einen Überblick über alle relevanten Personalaspekte ist aber eine umfassende Auskunftsbereitschaft und damit eine einheitliche Personalbetreuung nicht gewährleistet.[58] Um dies zu ermöglichen, werden die Spezialaufgaben der Personalwirtschaft weiterhin getrennt im Referat 5 bearbeitet.

---

[57] BELLMANN,K., Arbeitsteilung, 1989, S.283.
[57] BELLMANN,K., Arbeitsteilung, 1989, S.289.
[58] Vgl. WAGNER,D., Zentralisation oder Dezentralisation, 1989, S.182.

B.IV. Dezentralisierung

Die Frage einer möglichen Dezentralisierung von Aufgaben steht, wie die Diskussion um eine objektorientierte Organisation, in engem Zusammenhang mit der Entwicklung der informationstechnischen Möglichkeiten. Zu nennen sind hier u.a. die Miniaturisierung und die Verbilligung der Technik[1] sowie die Entwicklung von Datenfernübertragungssystemen und Netzwerken. Daher kommen den Erläuterungen des Kapitels C. auch für den folgenden Abschnitt eine große Bedeutung zu.

Dezentralisierung in allgemeiner Form bedeutet eine Bewegung vom Mittelpunkt fort.[2] Im folgenden soll unter Dezentralisierung konkret eine Verlagerung des Erfüllungsortes von Aufgabenschritten[3] und von Entscheidungskompetenzen aus der Personalwirtschaft der Zentralverwaltung hin zu den Forschungsinstituten verstanden werden.

Abb. 12: Beispielhaftes Dezentralisierungspotential in der ZV

B.IV.1. Zielsetzung und Rationalisierungspotential

Ergänzend zu den Ausführungen in Kapitel B.III.2. sind mit einer Dezentralisierung die folgenden Formalziele verknüpft:

- **Rationelles Vorgehen durch die Bearbeitung des operativen Geschäftes dort, wo die Grundlagen dafür vorhanden sind, nämlich vor Ort in den Instituten.**
  Die Zentralverwaltung (ZV) nimmt zur Zeit Aufgaben wahr, die aufgrund ihrer Nähe zum operativen Geschäft von den Forschungs-Instituten (FoI) durchgeführt werden können.

---

[1] Vgl. ALBERS,F., Informationstechnik, 1988, S.82; BELLMANN,K./ WITTMANN,E., Arbeitsstrukturierung, 1991, S.495.
[2] Vgl. BLEICHER,K., Zentralisation und Dezentralisation, 1980, Sp.2405.
[3] Zu dem Begriff des Aufgabenschritts vgl. Abschnitt B.I.1., S.5.

Einen Ansatzpunkt zur Dezentralisierung bietet die Bearbeitung und Abrechnung der Reisekosten. Der Großteil der Abrechnungen besteht aus relativ unproblematischen Inlandsreisen. Das Wissen für diese Bearbeitung braucht nicht in der ZV vorgehalten zu werden, zumal bereits jetzt die Abrechnung teilweise vor Ort ausgeführt wird. Je nach Qualifikation der Mitarbeiter in den Instituten kann die Kompetenz zur Abrechnung unter Zuhilfenahme von Vollmachtstufen gesteuert werden. Dieses bereits vorhandene Prinzip sollte weiter ausgebaut werden.

Ist

Fhl-Kürzel	Ort	Vollmacht-Stufe
A	1	1
B	2	2
C	3	4
D	4	2
E	5	1
F	6	2
G	7	3
H	8	2
I	9	4
⋮	⋮	⋮

Soll

Fhl-Kürzel	Ort	Vollmacht-Stufe
A	1	4
B	2	4
C	3	4
D	4	4
E	5	3
F	6	5
G	7	4
H	8	4
I	9	4
⋮	⋮	⋮

Vollmachtstufe 1: Keine dezentrale Abrechnung
Vollmachtstufe 2: Dezentrale Abrechnung eintägiger Inlandsreisen ohne Flug
Vollmachtstufe 3: Dezentrale Abrechnung mehrtägiger Inlandsreisen ohne Flug
Vollmachtstufe 4: Dezentrale Abrechnung aller Inlandsreisen
Vollmachtstufe 5: Dezentrale Abrechnung aller Reisen

Abb. 13: Dezentrale Abrechnung der Reisekosten

Die Bearbeitung der Vorgänge bezüglich der studentischen Hilfskräfte ist ein weiterer Ansatzpunkt von Dezentralisierungsbestrebungen. Die Vertragsschreibung in diesem Bereich ist als unproblematisch anzusehen. Da sämtliche relevante Daten in den Instituten vorhanden sind, bietet sich die Bearbeitung vor Ort an. Es erscheint nicht rationell, hierfür Know-how in der ZV zu binden. Einer vollständigen Erledigung der HiWi-Vorgänge in den Instituten, d.h. unter Einbeziehung der Abrechnung, stehen gesetzliche Vorgaben entgegen.[4]

---

[4] Vgl. INSTITUT FÜR BETRIEBLICHE DATENVERARBEITUNG, Abschlußbericht, 1992, S.82.

Auch die für die BAT-Vertragsschreibung notwendigen Daten sind dezentral in den Instituten zu erfassen. Dies entspricht dem Prinzip, "daß Daten jeweils am Entstehungsort innerhalb der Vorgangskette eingegeben und anschließend nur noch modifiziert oder ergänzt werden."[5] Derzeit werden alle relevanten Daten auf Papierbelegen in den Instituten erfaßt und an die ZV weitergeleitet. Dort erfolgen funktionsbedingt mehrere Prüfvorgänge. Rückfragen beim Mitarbeiter laufen dann wieder über das Institut. Bei einer dezentralen Erfassung der relevanten Unterlagen können diese Arbeitsschritte entfallen.

Die notwendigen Daten werden dann in den FoI direkt in das DV-System eingegeben. Falls es aus gesetzlichen Gründen erforderlich ist (z.B. Erklärung zur Sozialversicherung), werden aus diesem Datenbestand Formblätter zur Unterschrift generiert. Vor einer Übermittlung der Daten an die ZV müssen definierte "Muß-Felder" belegt sein, damit eine sofortige Bearbeitung in der ZV möglich ist. Die dazugehörigen Unterlagen werden zeitgleich mitgeliefert.

- **Verminderung des Kommunikations- und Koordinationsaufwandes**

Das Ziel einer rationellen Bearbeitung aller Vorgänge beinhaltet die Forderung nach einer Minimierung des Kommunikations- und Koordinationsaufwandes. Dies kann durch Dezentralisierung erreicht werden, da die dezentralen Stellen rascher mit den notwendigen Informationen versorgt werden und eine schnellere Abstimmung mit den betreffenden Mitarbeitern ermöglichen können. Dafür sind aus der Personalwirtschaft der FoG folgende Beispiele anzuführen.

Alle in den FoI erfaßten und vorliegenden Daten müssen auf Papierbelegen in die ZV befördert werden. Selbst wenn dies in Zukunft computergestützt durchgeführt wird, werden bei der jetzigen funktionsbezogenen Organisation weiterhin mannigfaltige Rückfragen erforderlich sein, da von jeder bearbeitenden Funktion erneut eventuell fehlende Unterlagen angefordert werden.

Ein Schwachpunkt in der HiWi-Bearbeitung liegt in der Beschaffung der Immatrikulationsbescheinigungen. Sobald die gesamte Verantwortung für die Beschaffung dieser Unterlagen bei den Instituten läge, würde ein Großteil der Kommunikation zwischen ZV und FoI überflüssig. Die Verantwortung für die Beibringung hat bei den Instituten zu liegen, da vor Ort der Kontakt zu den Studenten besteht und nicht in der Zentrale. Auch im Bereich der Reisekosten sind die Mitarbeiter in den Instituten näher bei dem Reisekosten-Antragsteller, so daß die Kommunikation auf diesem Weg unkomplizierter gehandhabt werden kann, als über den Umweg der ZV.

---

[5] SCHEER,A.-W., EDV, 1990, S.32 f.

B.IV.2. Voraussetzungen für die Dezentralisierung

B.IV.2.a. Organisatorische Voraussetzungen

Notwendige organisatorische Voraussetzungen für eine Dezentralisierung sind:

- **Reduktion der Komplexität von Informationsschnittstellen durch die in Kapitel B.III. diskutierte Reintegration von Aufgaben**
  Eine Möglichkeit zur Dezentralisierung besteht "dort, wo zur Erfüllung der Aufgabe nur wenige oder in hohem Maße standardisierbare ... Arbeitsbeziehungen vorherrschen ... Diese Voraussetzungen liegen vor allem bei Routineaufgaben" wie z.B. der HiWi-Vertragsschreibung vor.[6]

- **Die in den Instituten zu bearbeitenden Aufgabenschritte müssen in sich geschlossene Komplexe bilden**

- **Aufbau einer eigenständigen und qualifizierten personellen Infrastruktur in den Instituten**
  Dies beinhaltet auch eine Stärkung der Stellung des Verwaltungsleiters und eine Fortbildung der mit der Erfüllung dezentraler Aufgaben betrauten Mitarbeiter.

- **Unmißverständliche Delegation der Aufgaben**
  Die Bedeutung einer eindeutigen und unmißverständlichen Anweisung des Vorstands an die untergeordneten Instanzen zur Umsetzung der Dezentralisierungsschritte kann in diesem Zusammenhang nicht hoch genug eingeschätzt werden.[7]

B.IV.2.b. Informationstechnische Voraussetzungen

Notwendige informationstechnische Voraussetzungen für eine Dezentralisierung sind:

- **Aufbau einer technischen Infrastruktur**

- **Die Informationsschnittstellen zwischen Zentrale und Instituten müssen einfach zu handhaben und störungssicher sein**

---

[6] NIPPA,M., Büroorganisation, 1991, S.439.
[7] Vgl. VOGLER,P., Entbürokratisierung, 1989, S.115.

- **Es dürfen keine Medienbrüche in der Informationsübertragung auftreten**
  Dieser Aspekt zielt auf die vertikale Integration der Informationstechnik, die in der mittelfristigen Zukunft für die FoG eine Rolle spielen wird. Integriert werden soll die "klassische" Informationstechnik, wie sie auch in Teil C. dargestellt wird, und die neuen Kommunikationstechniken wie z.B. Telefax, Electronic Mail, Fernsprech-Konferenz oder Bild-Konferenz. Stärker als bislang sollen die vor- und nachgelagerten Stufen der klassischen Informationsverarbeitung ohne Medienbruch miteinander verbunden werden. Dies beinhaltet die Verarbeitung von eingehenden und versendenden Informationen ohne nochmalige, gezielt mediengerechte Aufbereitung.[8]

B.IV.3. Formen der Dezentralisierung

In der Literatur werden im Zusammenhang mit einer modernen Organisation im wesentlichen die beiden folgenden Formen der Dezentralisierung besprochen. Eine räumliche und eine organisatorische Dezentralisierung können gleichzeitig auftreten, müssen jedoch nicht.[9] Im Rahmen der FoG ist der Ausgangspunkt eine räumliche Dezentralisierung, zur Unterstützung derselben ergibt sich auch eine organisatorische Dezentralisierung.

B.IV.3.a. Räumliche Dezentralisierung

Die neuen informationstechnischen Möglichkeiten schaffen die Voraussetzung zur Änderung des Informationsaustauschs.[10] Sie werden daher in erster Linie mit der räumlichen Dezentralisierung in Verbindung gebracht. Es geht in diesem Zusammenhang um die Verteilung der Standorte von wirtschaftlichen Aktivitäten.

Dabei werden unterschiedliche Ebenen unterschieden:[11]

- **Makroebene**
  Es geht hierbei um die Standortwahl ganzer Unternehmen.

---

[8] Vgl. PICOT,A./ REICHWALD,R., Bürokommunikation, 1987, S.19 und S.26.
[9] Vgl. BELLMANN,K./ WITTMANN,E., Arbeitsstrukturierung, 1991, S.495; PICOT,A./ REICHWALD,R., Bürokommunikation, 1987, S.140.
[10] In der vorliegenden Arbeit sollen lediglich die Auswirkungen innerhalb des betrieblichen Bereichs untersucht werden; nicht jedoch die Auswirkungen bezüglich Teleheimarbeit bzw. telecommuting. Vgl. hierzu u.a. KILIAN-MOMM,A., Dezentralisierung, 1989, S.2-6.
[11] Vgl. PICOT,A./ REICHWALD,R., Bürokommunikation, 1987, S.140.

- **Mesoebene**
Es wird die Frage diskutiert, ob größere, geschlossene Unternehmenseinheiten (z.B. Hauptabteilungen oder Abteilungen) national oder international einen neuen Standort einnehmen können.

- **Mikroebene**
Es stellt sich die Standortfrage des individuellen Arbeitsplatzes.

Bei der untersuchten Forschungs-Gesellschaft ergeben sich konkret nicht die Fragen der Makro- und Mesoebene. Es geht um eine räumliche Dezentralisierung auf Mikroebene. Tätigkeiten, die bislang räumlich zentral in der ZV erledigt wurden, können auf eine größere Anzahl räumlicher Standorte innerhalb der FoG verteilt werden. In dem oben angesprochenen Beispiel der Reisekostenbearbeitung wird bereits heute eine räumliche Dezentralisierung praktiziert. Die Erfassung und Aufbereitung der Reisekostenanträge erfolgt in den FoI. Die Abrechnung und damit die Entscheidungskompetenz verbleibt weiterhin z.T. in der ZV.

B.IV.3.b. Organisatorische Dezentralisierung

Eine Dezentralisierung im organisatorischen Sinne meint eine Umverteilung von bislang gebündelt wahrgenommenen Entscheidungs-, Mitwirkungs- und Informationsrechten.

Um bei dem bekannten Beispiel der Reisekosten zu bleiben, bedeutet dies nicht nur eine Erfassung der Anträge vor Ort, sondern auch die Berechtigung zur sachlichen Prüfung und zur Abrechnung der Vorgänge. Im Falle einer räumlichen und organisatorischen Dezentralisierung werden demnach erhöhte Anforderungen an die fachliche Qualifikation der Mitarbeiter in den Instituten geltend gemacht. Die Richtlinienkompetenz der ZV bleibt davon jedoch unberührt. Bereits 1988 hat die FoG die Notwendigkeit einer dezentralen Aufgabenbearbeitung erkannt. So wird in internen Leitlinien die Bearbeitung und Abrechnung der Reisekosten und der Beihilfen dem Verwaltungsbereich der FoI zugeteilt.[12] Bis heute fehlt es jedoch an der konsequenten Umsetzung dieser Forderung.

Da die Kommunikation für die Büroarbeit eine große Bedeutung besitzt,[13] dürfen auch diese Aspekte nicht unberücksichtigt bleiben. Eine vermehrt technisch unterstützte Kommunikation wird eine größere Anzahl von unpersönlichen Kommunikations-

---

[12] Vgl. Fraunhofer-Gesellschaft, Leitlinien, 1988, S.7.
[13] Vgl. ZANGL,H., Durchlaufzeiten, 1985, S.47.

situationen erzwingen. Dieser Aspekt betrifft in der FoG besonders die Verwaltungsleiter bzw. deren Mitarbeiter. Da der Kontakt zwischen den Institutsvertretern und der ZV schon jetzt von diversen Konfliktsituationen beeinflußt wird, ist bei einer verstärkten Dezentralisierung auf einen Ausbau der face-to-face-Kommunikation[14] zu achten. Dies kann nicht nur bei den formalen Verwaltungsleitertreffen geschehen, sondern auch bei häufigeren, eher informellen Treffen. PICOT und REICHWALD betonen die Bedeutung der in der Praxis nicht zu unterschätzenden "Versorgung mit Zufalls- oder Randinformationen, die besonders gern in persönlichen Gesprächen beiläufig anfallen".[15]

B.IV.4. Grenzen der Dezentralisierung

Bei der Durchführung von Dezentralisierungsmaßnahmen treten insbesondere bei der räumlichen Dezentralisierung diverse Probleme auf, die die Grenzen einer neuen Organisation festlegen. Sie werden im folgenden kurz beschrieben:

Die kommunikationstheoretischen Grenzen resultieren aus der Tatsache, daß jede Form der Kommunikation aus einem Inhaltsaspekt und einem Beziehungsaspekt besteht. Der Beziehungsaspekt wirkt auf die sozialen Beziehungen der Beteiligten ein und stellt eine Interpretationshilfe für das Verständnis des Inhalts dar. Dieser Aspekt wird durch digitale und analoge Codierung überliefert. Die digitale Codierung ist dabei eher für die Übermittlung von Inhaltsfragen geeignet, wohingegen die analoge Codierung (vor allem nonverbale Kommunikation) in erster Linie für die Übermittlung von Beziehungsaspekten geeignet ist. Bei einer durch informationstechnische Unterstützung durchgeführten Dezentralisierung bleibt kaum Platz für beziehungsorientierte, analoge Kommunikation. Tendenziell verringert sich damit die Möglichkeit zur Dezentralisierung umso mehr, je höher der Kommunikationsbedarf ist.[16] Ein Erfolg ist nur dann möglich, wenn die sozialen Beziehungen zwischen den Beteiligten geklärt und die zu übermittelnden Daten nicht zu kompliziert sind, d.h. relativ einfache Inhaltsaspekte überwiegen. Demnach sind beispielsweise einfache Abrechnungsvorgänge gut für eine Dezentralisierung geeignet, während bei inhaltlich diskussionswürdigen Abläufen die Grenzen der Dezentralisierung aufgezeigt werden.

Bei einer Delegation von Tätigkeiten und Kompetenzen aus der Personalwirtschaft der ZV in die Verwaltungen der Institute ist auf eine möglichst störungsfreie Kommunikation

---

[14] Als übrige Kommunikationsmittel stehen die Briefpost und die technischen Kommunikationssysteme, einschl. des Telefons zur Verfügung. Vgl. hierzu Picot,A., Entwicklung, 1982, S.241.
[15] PICOT,A./ REICHWALD,R., Bürokommunikation, 1987, S.141.
[16] Vgl. NIPPA,M., Büroorganisation, 1991, S.439.

zwischen FoI und den zuständigen Sachbearbeitern in der ZV zu achten. Die Beachtung des Prinzips der Übermittlung von relativ einfachen Inhaltsaspekten ist bei einer dezentralen Bearbeitung von HiWi-Verträgen, der Datenerfassung für die BAT-Vertragsschreibung oder der Abrechnung der Reisekostenanträgen als gewährleistet anzusehen.

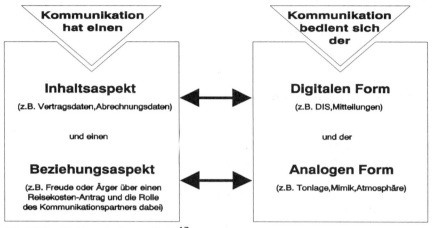

Abb. 14: Grundprobleme der Kommunikation[17]

Die Grenzen werden auch dann offenkundig, wenn die zu bearbeitenden Tätigkeiten quantitativ zu umfangreich oder durch das benötigte Fachwissen zu komplex werden. Die Kosten für den dezentralen Aufbau dieses Wissens in den Instituten wären zu hoch. Mit anderen Worten: Je schlechter strukturiert ein Problem ist, desto weniger eignet es sich für eine Dezentralisierung. Aus diesem Grund wird man beispielsweise in der Personalwirtschaft der FoG alle Probleme im Zusammenhang mit dem komplizierten Regelwerk des Bundesangestellten-Tarifs weiterhin zentral bearbeiten.

---

[17] In Anlehnung an PICOT,A./ REICHWALD,R., Bürokommunikation, 1987, S.148.

C. DV-Unterstützung in der Personalwirtschaft
C.I. Organisation und DV-Unterstützung

Die Begriffe Organisation und DV-Unterstützung werden in engem Zusammenhang gesehen. Dies deuten bereits die Hinweise und Bemerkungen in Teil B. dieser Arbeit an. In dem folgenden Abschnitt soll dargelegt werden, welche konkreten Wechselwirkungen zwischen Organisation und DV-Unterstützung bestehen, wie die speziellen Unterstützungsmöglichkeiten in der Personalwirtschaft aussehen können, und in welcher Form die derzeitige Technik in der FoG-ZV bestimmte Organisationsformen unterstützt.

C.I.1. Wechselwirkung von Organisation und DV-Unterstützung

Die Informationstechnik erhält durch ihre explosionsartige Entwicklung in jüngster Zeit zunehmend einen "Optionscharakter"[1] im Hinblick auf die organisatorische Gestaltung. Mit anderen Worten: Arbeitsabläufe und -strukturen werden nicht mehr von technischen Zwängen diktiert, sondern können sich verstärkt an anderen Zielsetzungen orientieren.[2] Die DV-Technik kann sowohl eine starke Arbeitsteilung und damit eine funktionale Organisation als auch eine objektorientierte Organisation mit einer verstärkten Aufgabenintegration unterstützen. Realisierbar sind sowohl Zentralisierungs- wie auch Dezentralisierungskonzepte.

REICHWALD prognostizierte 1985:

> "Jede Einführung neuer Technik in die Arbeitswelt bietet die Möglichkeit, völlig neue Organisationslösungen zu implementieren ... Der Integrationseffekt im Bereich der Technik wird nach heutiger Sicht dramatische Entwicklungen in der Neuorganisation der Arbeitsteilung im Büro nach sich ziehen."[3]

Neuere Erfahrungen zeigen, daß die moderne DV-Technik vor allem das Objektprinzip unterstützt, da die funktionsorientierte Arbeitsteilung eine erhebliche Nutzenbarriere für die Bürokommunikation darstellt.[4] Die tayloristische Arbeitsstrukturierung in der Sachbearbeitung schöpft die neuen Möglichkeiten nicht aus. Im Gegenteil, teilweise verstärken sich die negativen Aspekte. So führt ein weiterhin funktional auf eine begrenzte Aufgabe ausgerichteter DV-gestützter Sachbearbeiterplatz "zwangsläufig zu einer Dequalifizierung der Stellenaufgabe"[5] und damit u.a. zu einer Demotivation der Mitarbeiter. Es wird deutlich, daß die EDV die Organisation zwar wirkungsvoll unterstützen, eine saubere Organisationsform aber keinesfalls ersetzen kann.

---

[1] BELLMANN,K./ WITTMANN,E., Arbeitsstrukturierung, 1991, S.493.
[2] Vgl. ALBERS,F., Informationstechnik, 1988, S.83.
[3] REICHWALD,R., Büroautomatisierung, 1985, S.1220.
[4] Vgl. REICHWALD,R., Entwicklungstrends, 1991, S.398-401. So auch die Ergebnisse empirischer Untersuchungen. Vgl. hierzu u.a. PETERS,G., Ablauforganisation, 1988, S.346-351.
[5] KIESER,A., Organisationslandschaft, 1985, S.305.

Auch aus einem anderen Blickwinkel heraus sind starke Wechselwirkungen zwischen Organisation und DV-Unterstützung zu erkennen.

"Ein wesentlicher Grund für die Einrichtung der arbeitsteiligen Prozesse war, daß die Informationsverarbeitungskapazität des Menschen begrenzt ist und deshalb nur Teilausschnitte eines einheitlichen Vorgangs überblickt und bearbeitet werden konnten. Durch die Unterstützung von Datenbanksystemen und benutzerfreundlichen Dialogverarbeitungssystemen wachsen aber die Fähigkeiten des Menschen zur Bewältigung komplexerer Arbeitspakete. Damit entfallen Gründe, die früher zu einer konsequenten Arbeitsteilung gedrängt hatten, und es können wieder Teilfunktionen an Arbeitsplätzen zusammengeführt werden."[6]

Die *Abb. 15* zeigt in Teil A den heutigen Zustand in der ZV und macht deutlich, daß die Datenintegration (Teil B) als DV-technische Lösung die Voraussetzung für eine Aufgabenintegration (Teil C) in der Personalsachbearbeitung schafft. Sie liefert damit die "entscheidende Voraussetzung, die Hauptursache unbefriedigender Produktivität zu beseitigen: die zu hohe Arbeitsteilung."[7]

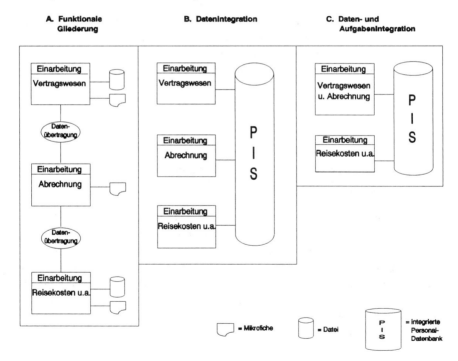

Abb. 15: Reintegration funktionaler Arbeitsteilung in der Personalwirtschaft[8]

---

[6] SCHEER,A.-W., CIM, 1990, S.5.
[7] SCHWETZ,R., Durchlaufzeiten, 1990, S.48.
[8] In Anlehnung an SCHEER,A.-W., CIM, 1990, S.5.

Bei der Frage nach einer Zentralisierung oder Dezentralisierung wird der Optionscharakter der Technik besonders deutlich. Unternehmen, die auf einen hohen Zentralisierungsgrad bestehen, können durch die verbesserte Technik die Kontrollen perfekter ausüben, als es bislang möglich war. Auch können Aufgaben, die vorher aus Gründen einer gewissen Kommunikationsträgheit dezentral bearbeitet wurden, nun in die Zentrale zurückgeholt werden. Andererseits können Dezentralisierungstendenzen gestützt werden. Während in den Anfangstagen der DV bereits der Umfang der Geräte eine Zentralisierung der Arbeit erzwang, schaffen die Miniaturisierung und der Aufbau von Rechnernetzen neue Freiheitsgrade. Vor diesem Hintergrund können die Informationen dezentral verfügbar gemacht werden.[9]

Aus den organisatorischen Ausführungen in Kap. B.IV. ist deutlich geworden, daß in der FoG verstärkte Dezentralisierungstendenzen sinnvoll sind. Allerdings treten bei einer verstärkten Dezentralisierung schon aufgrund der räumlichen Entfernung größere technische Schwierigkeiten auf als bei einer Zentralisierung. Als Lösungsmöglichkeit bietet sich bei der Kommunikation zwischen ZV und Instituten die Inanspruchnahme eines WAN (Wide Area Network) an, z.B. Datex-P der Telekom.

C.I.2. Möglichkeiten zur DV-Unterstützung in der Personalwirtschaft

Um die Personalwirtschaft DV-technisch zu unterstützen, bieten sich im wesentlichen drei Möglichkeiten an:[10]

- Lohn- und Gehaltsabrechnungssysteme
- Datenbanksysteme
- Personalinformationssysteme (PIS)

Die Lohn- und Gehaltsabrechnungssysteme beschränken sich als administrative Systeme lediglich auf den Abrechnungsvorgang und auf die dafür notwendigen Daten. Im Zeichen des Wandels der Personalarbeit gewinnen jedoch die dispositiven Faktoren zunehmend an Bedeutung, so daß reine Abrechnungssysteme bestenfalls für kleinere und mittlere Unternehmen aus Kostengründen empfehlenswert sind.

---

[9] Diese Wahlfreiheit verschafft der EDV eine 'Neutralitätsposition' im Hinblick auf die Organisationsform. Vgl. hierzu insbes. GROCHLA,E., Dezentralisierungs-Tendenzen, 1976, S.511-521.
[10] Vgl. HEINECKE,A., DV im Personalwesen, 1991, S.256. Die in der Literatur gelegentlich erwähnten Expertensysteme für die Personalwirtschaft werden nicht erwähnt, da sie in der Praxis noch keine Bedeutung erlangt haben. Vgl. HENTZE,J./ HEINECKE,A., EDV, 1989, S.20.

Datenbanksysteme gehen im Funktionsumfang weit darüber hinaus und können auch dispositive Aufgaben unterstützen. Zu diesen zählen u.a. auch die für die FoG besonders wichtige Aufgabe der Personalförderung. Datenbanksysteme sind jedoch nicht für spezielle Einssatzbereiche entwickelt worden und präsentieren damit eine Art Basissoftware, die entsprechend dem Verwendungszweck zu adaptieren ist.[11]

Gegenüber den allgemeinen Datenbanksystemen haben die Personalinformationssysteme einen entscheidenden Vorteil: Sie werden ausschließlich für den Personalbereich konzipiert und bieten daher in der Regel einen größeren Funktionsumfang und besser abgestimmte Datenstrukturen.

Eine in der Literatur weit verbreitete Definition soll ein Personalinformationssystem genauer beschreiben. Unter einem PIS versteht man

- "ein System der geordneten Erfassung, Speicherung, Transformation und Ausgabe
- von für die Personalarbeit relevanten Informationen über das Personal und die Tätigkeitsbereiche/Arbeitsplätze
- mit Hilfe organisatorischer und methodischer Mittel incl. EDV
- unter Berücksichtigung des Bundesdatenschutzgesetzes, des Betriebsverfassungsgesetzes sowie anderer relevanter Gesetze, Verordnungen, Tarifverträgen und Betriebsvereinbarungen
- zur Versorgung der betrieblichen und überbetrieblichen Nutzer des Systems mit denjenigen Informationen,
- die sie zur Wahrnehmung ihrer Planungs-, Entscheidungs-, Durchführungs- und Kontrollaufgaben
- unter Berücksichtigung von sozialen und wirtschaftlichen Zielen benötigen."[12]

Darüber hinausgehende technische Unterstützungsmöglichkeiten, die unter dem Begriff der Bürokommunikation bekannt geworden sind, sollen im Rahmen dieser Arbeit nicht genauer behandelt werden. Techniken der Bürokommunikation sind u.a. "Telefax, Bildschirmtext, Electronic Mail (Arbeitsplatzsysteme), Computer-Konferenz, Fernsprech-Konferenz, Bild-Konferenz."[13] Zweifellos werden sie in den zukünftigen Büros der FoG eine große Rolle spielen. Zuvor jedoch steht die Implementierung einer geeigneten DV-Unterstützung, die die Integration dieser erweiterten Techniken erst ermöglicht.

---

[11] Vgl. HENTZEL,J./HEINECKE,A., Personalinformationssysteme, 1989, S.60.
[12] DOMSCH,M., Personalarbeit, 1980, S.17.
[13] PICOT,A./ REICHWALD,R., Bürokommunikation, 1987, S.19; Vgl. auch: ALBERS,F. Informationstechnik, 1988, S.79.

C.I.3. Stand der DV-Unterstützung in der Zentralverwaltung der Forschungs-Gesellschaft

Die DV-Unterstützung der Personalwirtschaft ist unzureichend. Das Sachgebiet 1 (Vertragswesen) arbeitet zum Zwecke der Vertragsschreibung zwar mit Hilfe der EDV. Es handelt sich jedoch um eine eigenprogrammierte Individualsoftware, die als "Insellösung" konzipiert wurde und nicht einmal alle relevanten Personendaten zur weiteren Verarbeitung speichert. So gehen beispielsweise die Adressdaten des Mitarbeiters verloren und müssen bei jeder Vertragsänderung erneut eingegeben werden. Eine Daten-Übergabe an andere Sachgebiete ist nicht möglich. Zudem sind die Antwortzeiten sehr lang, sie können unter Umständen mehrere Minuten betragen.

Das Sachgebiet 2 muß völlig ohne DV-Unterstützung auskommen. Es wird mit veralteten Ablochbelegen gearbeitet, die extern eingelesen und dann von der AKDB abrechnet werden. Das Sachgebiet 3 greift auf ähnlich rudimentäre DV-Instrumente zurück wie das Sachgebiet 1. Zur Bearbeitung eines Reisekostenantrags benötigt das System die Personal-Nummer. Häufig wird diese aber in den Anträgen nicht angegeben, so daß von der Mikroverfilmung zuerst ein Diazo (Mikrofiche-Kopie) der Personalakte angefordert werden muß, um auf diesem Weg die Personal-Nummer in Erfahrung zu bringen.

Der überwiegende Teil der Daten wird entweder über Papierbelege, oder über Diazos, übermittelt. Mit Hilfe der Mikroverfilmung werden also nicht nur die Personalakten archiviert (passive Verfilmung), sondern mit den Diazos werden auch die operativen Vorgänge bearbeitet (aktive Verfilmung). Die Mikroverfilmung "hat den Vorteil, mit verkleinerten Abbildungen von Schriftgut ... arbeiten zu können, bei dem der Originalcharakter der Vorlagen erhalten bleibt."[14] Die Originale brauchen nicht aufbewahrt zu werden, da der Gesetzgeber den Mikrofilm als Beweisstück akzeptiert.[15] Gegenüber dem Papierbeleg bietet der Mikrofilm als Archivierungsmedium einige Vorteile:

- verbesserte Raumausnutzung;
- Eindämmung der Papierflut;
- keine Schwierigkeiten mit der Ablage wegen unterschiedlicher Formate.

Aufgrund des handlichen Formats der Diazos ergaben sich gegenüber dem Schriftstück bislang auch Vorteile im operativen Geschäft. Im Zeichen einer bereits weit

---

[14] REFA, Methodenlehre, 1985, S.277.
[15] S. Abgabenordnung (AO) vom 16.03.1976 (BGBl I, S.613) idF vom Januar 1977 (BGBl I, S.269).

fortgeschrittenen Computerisierung der Büroarbeit werden aber die Nachteile der aktiven Verfilmung immer deutlicher:
- Lange Transportzeiten, da die Diazos erst angefordert werden müssen;
- umständliches und wenig komfortables Recherchieren auf den Diazos;
- keine on-line Bearbeitung möglich;
- mehrfaches Erfassen von Daten wegen des Entstehens von Medienbrüchen, d.h. die auf speziellen Sichtgeräten aufgerufenen Daten müssen umständlich über die Tastatur in das DV-System eingegeben werden.

Diese Nachteile können bei Einführung eines PIS in der Personalwirtschaft beseitigt und damit die Durchlaufzeit der Vorgänge wesentlich beschleunigt werden.

So bietet sich für die Sachbearbeitung eine integrierte, dialogorientierte DV-Unterstützung an. Dieser Handlungsbedarf wird auch in der ZV erkannt. Aus diesem Grund soll zum Zeitpunkt der Fertigstellung dieser Arbeit die Testphase eines Abrechnungssystems beginnen. Dieses System basiert auf dem Datenbanksystem ADABAS. Bei allem Fortschritt gegenüber dem bisherigen Ablauf bleiben weiterhin gravierende Mängel:

- kein Standardpaket für den Personalbereich, daher mögliche Probleme bei Support und Update;
- als Abrechnungssystem eine "Insellösung";
- weitere Moduln sind auf unbestimmte Zeit vertagt.

Ein solches Datenbank-System wird daher in der Literatur nur für kleinere und mittelgroße Unternehmen (bis zu 500 Mitarbeiter) empfohlen.[16]

Auch das DIS (Dezentrales Informations System), als Service-Angebot an die Institute konzipiert, bietet kein leistungsfähiges, integriertes und voll dialogorientiertes Personalverwaltungssystem. Im übrigen läßt die Akzeptanz der Institute zu wünschen übrig. Eine weitere Individuallösung (SIGMA) bietet auf absehbare Zeit keine Unterstützung der Personalwirtschaft, da der Personalbereich in den "Meilensteinen der Entwicklung" unterprivilegiert ist.[17]

Aufgrund der momentanen Situation und der mittelfristig absehbaren Zukunft ist den Eigenentwicklungen mit Skepsis zu begegnen. Zur Gestaltung einer zukunftsorientierten Personalentwicklung wird daher die Implementierung eines PIS als Standardsoftware

---

[16] Vgl. HENTZE,J./ HEINECKE,A., EDV, 1989, S.21.
[17] Vgl. Fraunhofer-Gesellschaft, Planungs-. und Kontrollsystem, 1992, S.11.

empfohlen. Wegen der mittlerweile zur Serienreife gelangten Methode des Scannen von Schriftstücken ist in einem zweiten Schritt auf die Mikroverfilmung auch als Archivierungsmethode völlig zu verzichten. Durch die direkte Eingabe der Personalakten in das System kann auf die Daten unmittelbar und komfortabel zugegriffen werden. Auch eine dialogorientierte Bearbeitung ist durch neuartige "Optische Speichersysteme" möglich. Darüber hinaus ermöglichen sie die Übergabe von bislang auf Mikrofilm gespeicherten Personalakten in ein dialogorientiertes DV-System.

Die mangelhafte DV-Ausstattung in der Personalwirtschaft unterstützt die derzeitige funktionale Organisation, entbindet jedoch nicht von der Notwendigkeit, eine stärker objektorientierte Organisation zu implementieren. Wie bereits in *Abb. 15* deutlich wurde, kann die objektorientierte Organisation mit ihrer Integration von Aufgaben nur im Falle einer modernen DV-Unterstützung ihre volle Effizienz entfalten.

C.II. Softwarekonzeption und Hardwareunterstützung von Personalinformationssystemen

Nachdem festgestellt wurde, daß ein PIS ein geeignetes Mittel zur Unterstützung der FoG-Personalwirtschaft darstellt, soll im weiteren Verlauf auf die Anforderungen an ein solches genauer eingegangen werden.

C.II.1. Historische Entwicklung

Die DV-technische Unterstützung des Personalwesens erhielt in den 60er Jahren eine gewisse Bedeutung, weil sich ab diesem Zeitpunkt das Preis-Leistungs-Verhältnis für Hard- und Software verbesserte. Es lassen sich im folgenden vier Entwicklungsphasen unterscheiden:[1]

- **Phase 1:**
Zunächst konzentrierte sich die Anwendung auf die Lohn- und Gehaltsabrechnung. Sie bot sich durch die anfallenden großen Datenmengen und die monatliche Wiederholung als ideales Gebiet an.

- **Phase 2:**
Der für die Lohn- und Gehaltsabrechnung notwendige Mitarbeiter-Stammdatensatz wurde nun auch für administrative Zwecke genutzt. So konnten alle relevanten Informationen aktuell abgerufen werden, und die herkömmlichen Akten, Listen und Karteien wurden teilweise überflüssig.

- **Phase 3:**
In der Phase 3 vergrößerte sich der Anwendungsbereich, z.B. durch die Einbeziehung der Reisekostenabrechnung und der Zeitwirtschaft. Die Schnittstellen zu anderen Anwendungen, u.a. zum Zwecke der Zeiterfassung, wurden ausgebaut. Dies führte zu erheblichen innerbetrieblichen Auseinandersetzungen und prägt bis heute die negative Einstellung der Arbeitnehmervertreter gegenüber einem EDV-Einsatz.

- **Phase 4:**
In der aktuellen Phase der DV-technischen Unterstützung kommt nun auch dispositiven Aufgaben eine größere Bedeutung zu. Dies ist die Folge des immer höher werdenden Anteils der Personalkosten an den Gesamtkosten. Der Schwerpunkt liegt

---

[1] Zu diesen Phasen vgl. BELLGARDT,P. Systemunterstützung, 1990, S.20 f.

jedoch nach wie vor eindeutig im administrativen Bereich.² Ein weiteres Merkmal ist der verstärkte Einsatz des Personal Computer (PC) für partielle Anwendungen.

Es ist festzustellen, daß in der FoG selbst ein System der Phase 1 noch nicht eingeführt ist, bzw. als Testbetrieb gerade eingeführt wird. Um jedoch einen Einblick in die neuzeitlichen PIS zu geben, beziehen sich die folgenden Ausführungen auf die am weitesten fortgeschrittenen Personalinformations-Systeme der Phase 4.

C.II.2. Zielsetzung und Rationalisierungspotential

Die mit modernen PIS-Systemen verbundenen Ziele sind weitgehend mit den im Unterabschnitt B.III.2.a. genannten wirtschaftlichen Zielen identisch (Minimierung der Durchlaufzeiten, Maximierung der Kapazitätsauslastung, qualitative Sicherung der Informationsverarbeitung und Minimierung der Redundanzen). Letztgenannter Punkt sollte bei der FoG besonders beachtet werden. Dieselben Daten sollen für unterschiedliche Anwendungen zur Verfügung stehen und dabei nur einmal, möglichst am Ort der Entstehung, erfaßt werden. Ergänzend dazu, sind die folgenden, speziell auf die DV zugeschnittenen Ziele zu erwähnen:

- **Erleichterung der Entscheidungsprozesse**
  Dispositive Aufgaben, die bislang manuell wahrgenommen werden mußten, können nun DV-gestützt durchgeführt werden. Diese Verbesserung der Informationsbasis entlastet die Führungskräfte.³ Innerhalb der Abteilung Personalwirtschaft in der FoG kann so z.b. die Vorbereitung des Abteilungsleiters auf die notwendigen Personalgespräche unterstützt werden. Auch Fortbildungsmaßnahmen können auf diesem Weg koordiniert werden.

- **Erhöhung der Transparenz und Flexibilität**
  Durch graphische Auswertungen oder Statistiken wird die Personalarbeit transparenter und die Entscheidungsfindung erleichtert. Mittels eines integrierten Systems ist es möglich, die notwendigen Auswertungen schnell und einfach zu generieren. An diesem Punkt ist bei der FoG eine Schwachstelle festzustellen, weil das Auswertungsinteresse der Führungskräfte nicht befriedigend erfüllt werden kann. Bislang werden Statistiken u.ä. im Sachgebiet 1 entweder umständlich und in mangelhafter graphischer Aufmachung vom Programm generiert, oder die Erstellung erfolgt manuell.

---

2 Vgl. für viele HENTZE,J./ HEINECKE,A., Personalinformationssysteme, 1989, S.61 f.
3 Dieses Ziel wird in empirischen Untersuchungen stets an erster Stelle genannt. Vgl. WAGNER,H./SAUER,M., PIS, 1992, Sp.1714.

- **Beschleunigung des operativen Geschäfts durch dialogorientierten Betrieb**
  Mit einem integrierten PIS sind die benötigten Daten on-line am Arbeitsplatz verfügbar. Als Konsequenz entfallen die Transportzeiten, die durch die Anforderungen von Diazos entstanden sind. Somit kann schneller und komfortabler auf die Informationen zugegriffen, und die Eingaben können unmittelbar verarbeitet werden. Dies sichert auch eine aktuelle Auskunftsfähigkeit.

C.II.3. Struktur und Aufbau eines Personalinformationssystems

C.II.3.a. Komponenten

Grundsätzlich ist ein PIS durch drei Komponenten gekennzeichnet:[4]

- Personaldatenbank
- Methoden- und Modellbank
- EDV-Anlagenkonfiguration

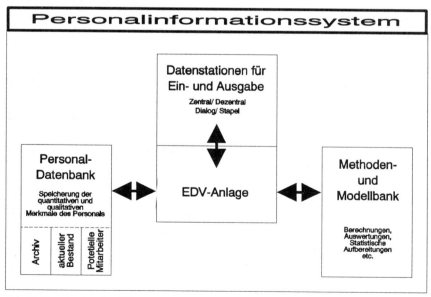

Abb. 16: Komponenten eines PIS

---

[4] Vgl. DOMSCH,M., Personalarbeit, 1980, S.24. DOMSCH zieht als vierte Komponente die Arbeitsplatz-Datenbank hinzu. Heute wird jedoch nicht mehr von einem Personal- und Arbeitsplatzinformationssystem, sondern nur noch von Personalinformationssystemen gesprochen. Diese integrieren auch Fragestellungen bezüglich des Arbeitsplatzes. Daher wird hier auf die vierte Komponente verzichtet.

Die **Personaldatenbank** enthält alle quantitativen und qualitativen Merkmale der Arbeitnehmer, die zur Erfüllung der Aufgaben in der Personalwirtschaft notwendig sind. Sie kann unterteilt werden in eine Datenbank als Archiv, d.h. für Informationen über ehemalige Mitarbeiter, eine für Informationen über den aktuellen Personalbestand und eine für potentielle Mitarbeiter.[5] Je umfassender die gespeicherten Daten sind, desto leichter sind die personalwirtschaftlichen Aufgaben wahrzunehmen. Allerdings wird auch die Gefahr des Datenmißbrauchs erhöht.

Eine Auswahl der wesentlichen Merkmale, die in eine Personaldatenbank aufgenommen werden können, ist in *Abb. 17* aufgeführt.

Auf einige Gesichtspunkte ist bei der Zusammenstellung besondere Rücksicht zu nehmen:

- Es sind nicht von allen Mitarbeitern sämtliche Daten relevant. Zusätzlich treten bei der dritten und der vierten Merkmalshauptgruppe Schwierigkeiten bei der Informationgewinnung auf. Es ist daher sinnvoll, eine Splittung in 'Muß-' und 'Kann-Felder' vorzunehmen.

- Für die wichtiger werdenden dispositiven Aufgaben sind zukunftsbezogene Informationen notwendig. Um geeignete Angaben z.B. über das Entwicklungspotential der Mitarbeiter zu erhalten, ist auf eine ausreichende Anzahl von relevanten Daten in den Merkmalshauptgruppen zwei, drei und vier zu achten.

- Außer einigen Bewegungsdaten (z.B. Zeiterfassung) werden die Merkmale entweder von den FoI-Verwaltungen vor Ort (hier vor allem vertragsrelevante Daten) oder den Referenten in der ZV erfaßt. Bei der Vielzahl der in das System einzugebenden Daten muß auf eine übersichtliche Maskengestaltung, eine komfortable Menüsteuerung und ein gut ausgebautes Hilfe-System Wert gelegt werden.

---

[5] Vgl. GHANEM,M., PIS, 1992, S.46.

1. Allgemeine Merkmale	1.1 Identifizierende Merkmale	Personalnummer, Familienname, Vorname, Staatsangehörigkeit, Familienstand, Geschlecht, Geburtsdatum/ -ort, Anschrift etc.
	1.2 Einstellung	Interviewergebnisse, Testergebnisse, Eintrittsdatum, Vertragsdaten
	1.3. Sonstige allgemeine Merkmale	Jubiläumstage, Tätigkeitseinschränkungen, etc.
2. Kenntnis- und Einsatzmerkmale	2.1 Schul- und Berufsbildung, Fortbildung	Schulen, Prüfungen, Abschlüsse, Praktika, Lehre, Fort- und Weiterbildungskurse etc.
	2.2 Berufserfahrung	Beschäftigungsabschnitte, Position, Tätigkeit, Beurteilungen, Grund für den Arbeitsplatzwechsel
	2.3 Spezialangaben	Führerscheine, Fremdsprachen, Patente, Auslandserfahrungen etc.
	2.4 Empfohlene und geplante Maßnahmen	Fort- und Weiterbildung, Versetzung, Beförderung, Ergebnisse der Personalgespräche etc.
	2.5 Einsatzbereitschaft	Bereitschaft zur Versetzung oder zum Auslandseinsatz etc.
3. Physische Merkmale	3.1 Umgebungseinflüsse	Allergien, Reaktion auf Klima, Lärm etc.
	3.2 Sonstige physische Merkmale	Schwindelfreiheit, Muskelbelastbarkeit etc.
	3.3 Leistungsbereitschaft	bezogen auf physische Merkmale
4. Psychische Merkmale	4.1 Geistige Merkmale	Auffassungsgabe, Mündliche und schriftliche Ausdrucksfähigkeit, Konzentrationsfähigkeit etc.
	4.2. Arbeits- und Gemeinschaftsverhalten	Belastbarkeit und Ausdauer, Kooperationsfähigkeit, Selbständigkeit, Initiative etc.
	4.3 Sensomotorische Merkmale	Reaktionsvermögen etc.
	4.4 Leistungsbereitschaft	bezogen auf psychische Merkmale
5. Abrechnungsmerkmale	5.1 Lohn / Gehalt	Lohn-/Gehaltsentwicklung und -abrechnungsdaten incl. Zulagen, Prämien, Vorschüsse, Gutschriften, Bankverbindung etc.
	5.2 Versicherung/ Versorgung	Angaben zur Krankenversicherung, Unfallversicherung, Sozialversicherung, Renten-/ Pensionsansprüche, Vermögensbildung, Beihilfen etc.
	5.3. Zeitangaben	Urlaub, Fehlzeiten, Zeitabrechnung

Abb. 17: Merkmalskatalog für eine Personaldatenbank[6]

---

[6] In Anlehnung an DOMSCH,M., Personalarbeit, 1980, S.26.

Eine **Methoden- und Modellbank** transformiert die gespeicherten Daten dem jeweiligen Zweck entsprechend. Dies geschieht anhand gespeicherter statistischer Methoden und qualitativer Planungsmodelle. In diesem Zusammenhang bilden die diversen Abrechnungsprozeduren den Hauptansatzpunkt. Des weiteren sind die statistischen Auswertungen zu berücksichtigen. Von Interesse können z.B. sein: Angaben über Urlaub, Altersaufbau der Belegschaft, Fluktuationen oder Krankenstand.

Genauere Angaben über die EDV-Anlagenkonfiguration erfolgen in Abschnitt C.II.6. Nach Gesprächen in der ZV kristallisierte sich heraus, daß die vorhandene Siemens-Anlage bei der PIS-Installation einen Kapazitätsengpaß darstellen könnte. Die Frage einer möglichen Erweiterungsinvestition ist über diese Arbeit hinaus genauer zu untersuchen, zumal sich die Situation in den nächsten Jahren durch den Einsatz weitere Anwendungen nicht entspannen wird.

C.II.3.b. Hauptfunktionen

Die Hauptfunktionen eines PIS sind aus der *Abb. 18* ersichtlich.

Abb. 18: Hauptfunktionen eines PIS

Aufgrund der Ausgangssituation verspricht vor allem der Betrieb einer DV-gestützten Personalabrechnung größere Rationalisierungserfolge. Deshalb, und weil in der FoG z.Zt. ein Abrechnungssystem den Testbetrieb aufnehmen soll, wird auf diese Funktion eines PIS näher eingegangen.

Das Ziel muß es auch in diesem Bereich sein, "aus dem Reagieren herauszukommen und auf Agieren umschalten zu können".[7] Wenn dies gelingt, ist die Personalwirtschaft eher in der Lage, künftige Anforderungen zu erkennen, um darauf flexibel reagieren zu können. HENTSCHEL nennt einige Einflußgrößen, denen in Zukunft besondere Aufmerksamkeit zu schenken ist:[8]

Zunächst sind Änderungen bei der **Arbeitszeitgestaltung** zu erwähnen. Stärker als bislang werden flexible Arbeitszeiten Einzug in die Unternehmen halten. Auch in der ZV ist seit kurzem die Gleitzeit eingeführt worden, um den Bedürfnissen der Mitarbeiter entgegenzukommen. Die Ablösung traditioneller Arbeitszeitrhythmen wird entsprechende Formen der Rechnerunterstützung erfordern.

Laut HENTSCHEL befindet sich auch die Form des **Arbeitsentgelts** im Umbruch. Über den Wochenlohn und den heutigen Monatslohn geht der Trend zum Jahresarbeitsentgelt. Damit soll der teilweise auf Jahresarbeitszeiten abgestellten flexiblen Arbeitszeitgestaltung entgegengekommen werden.

Ein weiterer kritischer Punkt ist die Unsicherheit im Hinblick auf künftige **Gesetze und Verordnungen**. Weitreichende Veränderungen sind in den nächsten Jahren auf dem fiskalischen Gebiet und vor allem bei der Sozialversicherung zu erwarten.

Darüber hinaus muß auch eine **Neugestaltung des öffentlichen Dienstrechts** in Betracht gezogen werden. Die Unterteilung in Arbeiter, Angestellte und Beamte scheint von der gesellschaftlichen Entwicklung überholt zu werden. Auch das komplizierte Regelwerk des BAT ist reformbedürftig.

Auf diese Anforderungen muß ein zukunftsorientiertes Abrechnungssystem als Teil einer PIS flexibel reagieren können.

---

[7] HENTSCHEL,B., Abrechnungssysteme, 1989, S.4.
[8] Zu den Einflußgrößen vgl. HENTSCHEL,B., Abrechnungssysteme, 1989, S.4-8.

C.II.4. Anforderungen an die Software

Die Software im Personalbereich soll helfen, die Aufgaben der Administration ordnungsgemäß und termingerecht zu erfüllen. Dazu gehört auch die Einhaltung der betrieblichen, tariflichen und gesetzlichen Auflagen. Darüber hinaus sind auch Aufgaben der Disposition zu unterstützen, um einen Überblick über die Vorgänge in der Personalwirtschaft zu erhalten und Entscheidungsgrundlagen zu schaffen.[9]

Anhand des Umfangs der zu bewältigenden Aufgaben und der z.T. deutlich unterschiedlichen Bedingungen in verschiedenen Unternehmen wird deutlich, daß es nicht ein standardisiertes PIS für alle Anwendungsbereiche geben kann. So hat z.B. die nach BAT entlohnende Forschungs-Gesellschaft andere Anforderungen an die Lohn- und Gehaltsabrechnung als ein privatwirtschaftliches Unternehmen. Deshalb, und wegen der Größenordnung der Investition, ist es vor der Evaluation eines PIS unbedingt notwendig, ein Pflichtenheft mit den detaillierten Anforderungen an Hard- und Software auszuschreiben.[10] Im Rahmen dieser Arbeit ist ein derart hoher Detaillierungsgrad nicht notwendig. Das Ziel ist es vielmehr, einen Überblick über die Bestandteile und aktuellen Möglichkeiten eines PIS zu geben. Darauf aufbauend sind weiterführende Untersuchungen zur Erstellung eines Pflichtenheftes und zur Evaluation denkbar.

C.II.4.a. Integrationsanforderungen

Die Forderung nach einer integrierten Lösung gehört zu den zentralen Punkten bei der Beurteilung eines PIS.

> "Wesentlicher Vorteil integrierter Systeme ist die Nutzung einer gemeinsamen Datenbasis, die zeitaufwendige Datenerfassungsaktivitäten im Gegensatz zur erforderlichen Mehrfacherfassung bei isoliert arbeitenden monofunktionalen Endgeräten auf ein Minimum reduziert. Damit einher geht ein entsprechender Abbau des Datenvolumens."[11]

Dabei ist Integration auf zweierlei Art und Weise angesprochen. Zum einen müssen Daten integriert werden, die für die Aufgabenerfüllung innerhalb der Personalwirtschaft notwendig sind (horizontale Integration). So muß z.B. das Modul Personalabrechnung auf Daten des Moduls Zeitermittlung oder Stammdatenverwaltung zugreifen können. An diesem Punkt zeigt sich die enge Verbindung zwischen Organisation und Technik. Ohne

---

[9] Vgl. WÖTZEL,S., Entwicklungstendenzen, 1990, S.72.
[10] Zu dem Komplex des Pflichtenheftes vgl. BECKER,M./ HABERFELLNER,R./ LIEBTRAU,G., EDV-Wissen, 1988, S.364-372. Ein beispielhaftes Pflichtenheft für die Komponenten Abrechnungssysteme, Zeitwirtschaft und Reisekostenabrechnung stellt auf Anfrage die alga-Unternehmensberatung, Frechen, zur Verfügung.
[11] ALBERS,F, Informationstechnik, 1988, S.82.

eine solche Form der Integration ist eine objektorientierte, d.h. auf verschiedenste Daten zugreifende Sachbearbeitung nicht möglich.

Zum anderen muß analog eine vertikale, über Abteilungsgrenzen hinausreichende Integration gewährleistet sein. Daten der Personalwirtschaft werden in vielen anderen Abteilungen benötigt. Im rechten Teil der *Abb. 19* sind einige Beispiele aus der ZV aufgeführt. Somit sind durch die Einführung eines PIS auch über Abteilungs- und Bereichsgrenzen hinweg Rationalisierungspotentiale aufdeckbar.

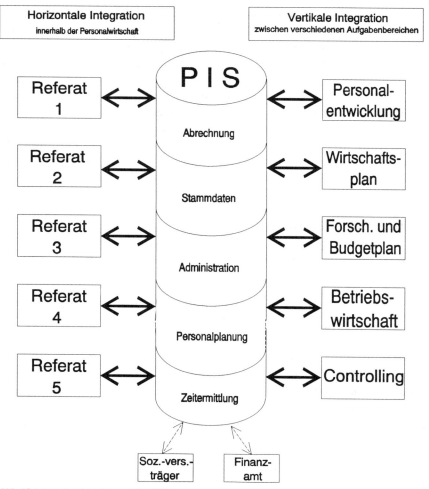

Abb. 19: Integrationsbeziehungen eines PIS

Im Vergleich zu der horizontalen Integration sind damit aber auch größere organisatorische und technische Schwierigkeiten verbunden. Verstärkte Probleme bereitet besonders die Sicherheit der personenbezogenen Daten. Des weiteren muß gegebenenfalls eine Kommunikation über verschiedene Rechnerwelten hinweg zu realisieren sein. Diese Umformung der Daten kann mit Hilfe von "Bridge-Programmen" vorgenommen werden.[12]

In der *Abb. 19* ist eine weitere Integrationsstufe angedeutet. Eine direkte Anbindung von Institutionen, die ein berechtigtes Interesse an den FoG-Daten haben, ist technisch realisierbar. Ob jedoch die Sensibilität der Daten eine solch weitreichende Integration zuläßt, bleibt abzuwarten.

C.II.4.b. Modularer Aufbau

Auch der modulare Aufbau stellt eine wichtige Forderung an ein PIS dar. Man versteht darunter "die Unterteilung eines Softwaresystems, in in sich abgeschlossene Teillösungen, die über genau definierte Schnittstellen miteinander verbunden werden können."[13] Viele Unternehmen werden schon aus Akzeptanzgründen eine schrittweise Einführung von aufeinander aufbauenden Moduln vorziehen. Außerdem muß ein geeignetes System so gestaltet werden, daß es flexibel und offen für notwendige künftige Anforderungen bleibt.

> "Jedes Unternehmen, jedes Personalwesen kann die Zukunft nur partiell antizipieren und damit auch die Anforderungen an seine künftigen Informationsbedürfnisse und die Informationsaufbereitung. Insofern ist es entscheidend, bei der Einführung eines EDV-Systems die Frage zu stellen, inwieweit es ausgebaut, erweitert, umgestellt werden kann, ohne daß es grundsätzlich verändert werden muß."[14]

C.II.5. Verwendung von Standardsoftware

In den ersten Jahren des EDV-Einsatzes wurde die benötigte Software meist individuell programmiert. Mittlerweile tritt immer mehr der Einsatz von Standardsoftware in den Vordergrund. Die "gestiegene betriebswirtschaftliche und EDV-technische Qualität, Kostenvorteile und Zeitersparnisse" sind die Gründe hierfür.[15] Besonders einleuchtend

---

[12] Vgl. SCHEER,A.-W., EDV, 1990, S.35 f.
[13] SCHEER,A.-W., EDV, 1990, S.147.
[14] ROGOWSKI,M., Personalbereich, 1983, S.107.
[15] SCHEER,A.-W., EDV, 1990, S.140. Vgl. hierzu auch: SEIBT,D., Software, 1983, S.166-171.

wird dies, wenn man bedenkt, daß etwa drei Viertel der Kosten bei einer Eigenentwicklung nach der Installation entstehen. Diese Wartungskosten können bei einer Anwendung von Standardsoftware stark reduziert werden. Einerseits ist die Software bei bewährten Systemen bereits relativ fehlerfrei, und zum anderen werden von den Herstellern Verbesserungs- und Erweiterungs-Anregungen der Anwender berücksichtigt und up-dates installiert. Gerade in der Verlagerung der Verantwortung für die Programmwartung und -aktualisierung auf den Hersteller liegt ein wesentlicher Vorteil beim Einsatz von Standardsoftware. Dies macht sich gerade im Personalbereich bemerkbar, da diese Programme durch gesetzliche und tarifliche Aktualisierungen besonders starken Veränderungen unterliegen.

Um einen konkreten Einblick in die Konzepte der PIS zu geben, werden im folgenden zwei bewährte und in Gesprächen mit Fachleuten immer wieder erwähnte Standardpakete kurz vorgestellt.

C.II.5.a. Konzeption und Funktionsumfang von PAISY

PAISY (Personal-Abrechnungs-und Informations-System) ist mit über 1200 Installationen das am weitesten verbreitete PIS. Es wird von der Lammert-Unternehmensberatung vertrieben.[16]

PAISY beinhaltet folgende Hauptfunktionen:

- **Lohn- und Gehaltsabrechnung**
- **Reisekostenabrechnung**
- **Zeitwirtschaft**
- **Personalplanungssystem**
- **Datenverwaltung**
- **Informationssystem**

Diese Modulen können aufeinander aufbauend angeschafft werden. Hinter diesen Hauptfunktionen verbergen sich eine Vielzahl von Einzelfunktionen, die u.a. speziell auf den öffentlichen Dienst abgestimmt werden können. Die *Abb. 20* gibt einen Überblick über den Funktionsumfang und die Konzeption der Datenbasis, die sich in folgende Bereiche gliedert:

---

[16] Zu den Angaben über PAISY vgl. HENTZE,J./ HEINECKE,A., Konzepte, 1989, S.14; HEINECKE,A., DV im Personalwesen, 1991, S.258.

- Definitions- und Beschreibungsdaten
- Stammdaten
- Steuerungsdaten
  (z.B. Bestimmungen zur Lohn- und Gehaltsabrechnung, Arbeitszeitmodelle usw.)
- Ergebnisdaten
  (z.B. Daten aus früheren Abrechnungsperioden; Historiendatei)
- Zeitwerte
- Abrechnungsdaten
- Schnittstellendaten

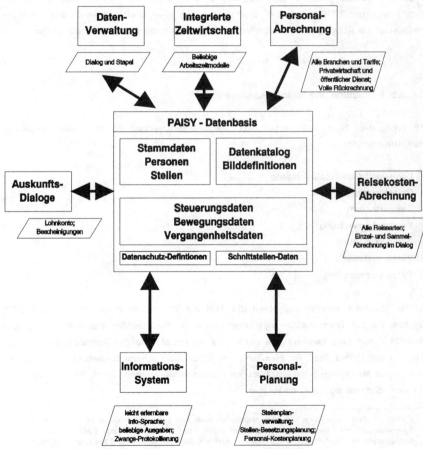

Abb. 20: Funktionsumfang und Datenbasis von PAISY[17]

---

[17] In Anlehnung an: HENTZE,J./ HEINECKE,A., Konzepte, 1989, S.15.

Ein bedeutender Vorteil von PAISY gegenüber anderen Systemen ist die problemlose Anpassung an die Anforderungen des öffentlichen Dienstes, insbesondere an das Regelwerks des BAT. Diese Adaption geschieht nicht durch eine Umprogrammierung des in COBOL geschriebenen Systems, sondern durch einfache Parameteranpassung. Auch das in der ZV vorhandene Know-how bezüglich des Datenbanksystems ADABAS kann genutzt werden, da PAISY eine entsprechende Schnittstelle bietet.

Das System läßt eine gewisse Hardwareunabhängigkeit zu, weil es unter verschiedenen Betriebssystemen lauffähig ist. Als Beispiel sei das auch in der FoG genutzte Siemens-System BS 2000 genannt. Eine Nutzung ist auch unter allen UNIX- oder DEC-VAX-Systemen unter VMS möglich.[18] Damit ist neben dem Großrechner-Einsatz auch die Installation als Abteilungsrechnerkonzept in Verbindung mit einem LAN realisierbar.

C.II.5.b. Konzeption und Funktionsumfang von RP

RP von der SAP AG unterstützt die Personalwirtschaft mit den folgenden Hauptfunktionen:

- **Lohn- und Gehaltsabrechnung**
- **Reisekosten**
- **Zeitwirtschaft**
- **Personalverwaltung**
- **Personalplanung**
- **Personalstatistik**
- **Personalcontrolling**

RP ist ebenfalls modular aufgebaut und läßt die Integration in ein bestehendes SAP-System zu. Die Dezentralisierungstendenzen in der FoG würden ebenfalls unterstützt. Sowohl durch eine zentrale wie auch eine dezentral mögliche Installation wird dem System ein hohes Maß an Flexibilität verliehen. Die Anwendungsfunktionen können wahlweise im Dialog- oder Batchbetrieb durchgeführt werden. Auch RP ist unter dem Siemens-System BS 2000 einsetzbar.[19]

---

[18] Das in der FoG eingesetzte DIS-System läuft ebenfalls auf einer DEC-VAX unter VMS. Eine mögliche Hardwareplattform ist damit bereits vorhanden. Des weiteren wird PAISY von folgenden Betriebssystemen und folgender Hardware unterstützt: IBM: AS/400, /38, 43xx und 30xx; Bull: DPS-7 und DPS-8; Nixdorf: 8850 unter NIDOS; Wang: VS-System.

[19] RP wird weiterhin von folgenden Betriebssystemen unterstützt: IBM: SSX/VSE, DOS/VSE, VSE/SP, MVS, MVS/XA; Siemens: BS 2000 und BS 3000; Nixdorf: NIDOS. Einsetzbare Hardware: IBM: 937x, 43xx, 308xx, 3090; Siemens: 7,5xx, 7,8xx; Nixdorf: 8890.

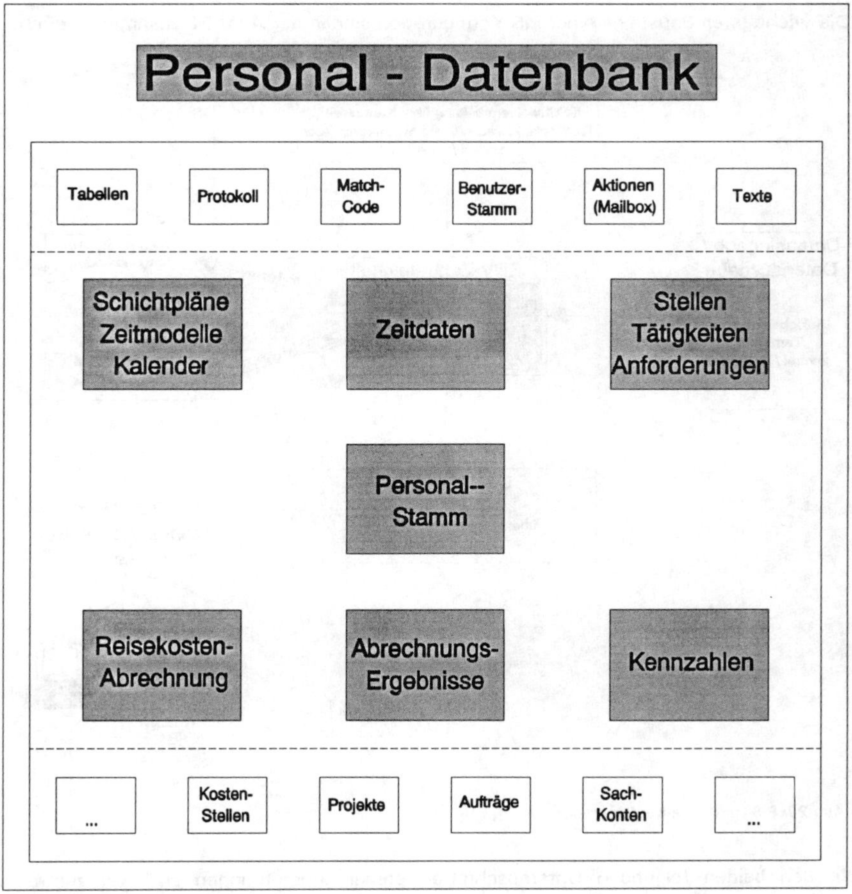

Personal - Datenbank

- Tabellen
- Protokoll
- Match-Code
- Benutzer-Stamm
- Aktionen (Mailbox)
- Texte

- Schichtpläne / Zeitmodelle / Kalender
- Zeitdaten
- Stellen / Tätigkeiten / Anforderungen

- Personal-Stamm

- Reisekosten-Abrechnung
- Abrechnungs-Ergebnisse
- Kennzahlen

- ...
- Kosten-Stellen
- Projekte
- Aufträge
- Sach-Konten
- ...

Abb. 21: Elemente der Personaldatenbank bei RP[20]

C.II.6. Hardwareunterstützung

Der Zusammenstellung der Hardware ist in der FoG besondere Aufmerksamkeit zu schenken, weil die bislang unzureichende DV-Unterstützung in der ZV die Möglichkeit zu einer umfassenden Neugestaltung bietet. Diese Chance muß genutzt werden, um ein ganzheitliches, d.h. nicht nur einzelne Komponenten berücksichtigendes Konzept zu erarbeiten.

---

[20] In Anlehnung an: HENTZE, J./ HEINECKE, A., Konzepte, 1989, S.20.

Die wichtigsten Bausteine einer PIS-Konfiguration sind in der *Abb. 22* zusammengefaßt.

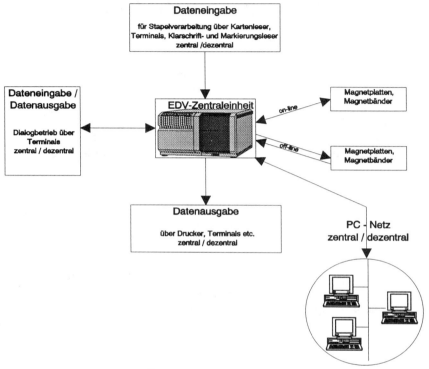

Abb 22: PIS-Hardware-Konfiguration[21]

In den beiden folgenden Unterabschnitten stehen Ausführungen zu zwei zentralen Komponenten, dem Großrechner und der PC-Unterstützung, im Mittelpunkt.

C.II.6.a. Großrechner

Die DC-technische Unterstützung im Personalbereich beschränkte sich zu Beginn auf die Verarbeitung mit Hilfe des Großrechners. In den 80er Jahren nahm dann auch in diesem Bereich der PC eine wichtigere Rolle ein. Mittlerweile wird eine Aufgabenteilung zwischen Großrechner und PC für sinnvoll erachtet.[22]

---

[21] Inhaltlich sind Teile der Abbildung angelehnt an: DOMSCH,M., Personalarbeit, 1980, S.31.
[22] Vgl. BELLGARDT,P., Systemunterstützung, 1990, S.23 f.

Administrative Personalverwaltungsaufgaben werden schon aufgrund der Datenmengen weiterhin eine Domäne der Großrechner bleiben. In der Abteilung Personalwirtschaft zählen hierzu in erster Linie:

- **die Lohn- und Gehaltsabrechnung und**
- **die Zeiterfassung**

Durch die zentrale Dokumentation und Kontrolle der Bearbeitungsvorgänge auf dem Großrechner werden auch die Aspekte der Datensicherheit verstärkt berücksichtigt. Die Erfassung der relevanten Daten erfolgt entweder über Terminals oder Kartenleser. Die für die Zeiterfassung notwendigen Kartenlesegeräte sind in der FoG vorhanden, aber noch nicht in Gebrauch.

Da es sich um Informationen handelt, die für die kurzfristige Entscheidungsfindung unerheblich sind, sollte eine Batch-Verarbeitung vorgenommen werden. Um die knappen Rechnerkapazitäten in der FoG nicht weiter zu belasten, wird man die zeitintensiven Verarbeitungsläufe über Nacht durchführen. Dies wird einmal, besser jedoch zweimal im Monat der Fall sein: Zur Sicherheit sollte einen Tag vor der eigentlichen Abrechnung ein Probelauf mit Echtdaten gefahren werden.

Um sich bei der Zusammenstellung einer geeigneten Hardware-Konfiguration möglichst hohe Freiheitsgrade zu erhalten, ist bei der Auswahl eines PIS auf eine betriebssystemunabhängige Lauffähigkeit zu achten.[23] Durch die Beschränkung auf ein bestimmtes Rechner-System würde die Flexibilität und Handlungsfähigkeit in Zukunft stark eingeschränkt.

C.II.6.b. Personal Computer

Der PC hat in den letzten Jahren auch im Personalbereich eine verstärkte Bedeutung erhalten und so wesentlich zur Entlastung der zentralen DV beigetragen.[24] Auch wenn dieser Schritt in der FoG weitgehend noch nicht vollzogen ist, bietet sich der PC, insbesondere für kleinere, isolierte Aufgabenstellungen als "dezentrale Intelligenz vor Ort" an.[25] Vorteile sind u.a. wesentlich schnellere Zugriffszeiten und ein höherer Bedienungskomfort als bei der zentralen DV. Beispielhaft sei nur die Window-Technik,

---

[23] Vgl. HEINECKE,A., DV im Personalwesen, 1991, S.256.
[24] Vgl. BULLINGER,H.-J., Büroautomation, 1984, S.295 f.
[25] BELLGARDT,P., Systemunterstützung, 1990, S.22.

die Mausunterstützung oder eine kontextbezogene Hilfefunktion erwähnt. Typische PC-Einsatzgebiete in der Personalwirtschaft sind:[26]

- Graphische Aufbereitung
- Externe Datenbank-Recherche
- Reisekostenabrechnung
- Urlaubskartei
- Jubiläumskartei
- Schulungskartei
- Führungskräftedatei
- Stellenpläne
- Terminverfolgung für die Personalverwaltung
- Fehlzeitenverwaltung und -auswertung
- Statistikerstellung
- Beurteilungssystem
- Bewerberauswahl

Zur Bewältigung dieser Aufgaben stehen vor allem

- Tabellenkalkulationsprogramme (z.B. Excel),
- Graphikprogramme (z.B. Harvard Graphics, Designer, Corel draw) und
- Datenbanken (z.B. dBase IV, Fox Pro, Access)

zur Verfügung. Auf einige, für die FoG relevante, Einsatzgebiete soll nun etwas näher eingegangen werden.

Eine Domäne der Mikrocomputer ist die **graphische Aufbereitung** von Daten. Es wurde bereits erwähnt, daß eine Zielsetzung von Personalinformationssystemen die Erleichterung von Entscheidungsprozessen ist. Um jedoch die Entscheidungen besser vorbereiten zu können, müssen den Führungskräften geeignete Unterlagen vorliegen. Mittels Graphikprogrammen können aus 'Zahlenfriedhöfen' aussagekräftige Darstellungen entstehen. Auch in diesem Bereich ist in der ZV auf baldige Verbesserungen zu drängen. Dieser Aspekt wird im Zeichen einer zunehmenden Reizüberflutung künftig eine verstärkte Bedeutung erlangen.

Zum zweiten ist aufgrund der offenen Architektur des PC die Möglichkeit zur Recherche in **externen Datenbanken** eine interessante Arbeitserleichterung.[27] Häufig sind bei der

---

[26] Vgl. WITTE,W., PC-Anwendungen, 1986, S.223; HERWEG,R., Einsatz von PC, 1989, S.91; HUCKERT,K., PC im Personalwesen, 1990, S.41.
[27] Vgl. HUCKERT,K., PC im Personalwesen, 1990, S.47 f.

Beurteilung von personalwirtschaftlichen Fragestellungen (z.B. Kündigungen) arbeitsrechtliche Aspekte relevant. Auch für die Bearbeitung von Reisekostenanträgen können Auslegungen des Bundesreisekostengesetzes eine Rolle spielen.

Im Hinblick auf einen verstärkten Objektbezug der Arbeit kommt diesem Punkt ebenfalls eine Bedeutung zu. Diese Organisationsform verlangt ein breiter gestreutes Wissen als die funktionale Strukturierung nach dem Verrichtungsprinzip. Ein 'Information Retrieval', beispielsweise mit Zugriff auf die Datenbank JURIS, könnte noch nicht beseitigte Informationsdefizite abbauen und trotz der Aufgabenintegration spezielles Fachwissen vorrätig halten.

Die Funktion der **Fehlzeitenverwaltung und -auswertung** hingegen macht die Problematik der PC-Anwendung in der Personalwirtschaft deutlich. Diesbezügliche Auswertungen von sensiblen personenbezogenen Daten sind häufig nicht durch entsprechende Betriebsvereinbarungen gedeckt. Durch die Arbeit am PC entziehen sie sich aber oft der Kontrolle, so daß die Arbeitnehmervertretung aus Datensicherheitsgründen solchen Anwendungen skeptisch gegenüberstehen wird.

Die möglichen Einsatzformen des PC lassen sich in drei Kategorien einteilen:

Bis vor kurzem waren nur **'stand-alone'-Geräte** im Einsatz.[28] Eine solche Insellösung weist keine Verbindung zu anderen PC oder dem Großrechner auf. Diese Technik entspricht der derzeitigen Situation in der FoG. Im Sachgebiet 1 wird zwar PC-gestützt gearbeitet, die Daten können jedoch nicht von anderen Sachgebieten genutzt werden. Je nach Sensibilität der Daten kann eine Insellösung auch durchaus sinnvoll sein, um die Ergebnisse nur einem beschränktem Benutzerkreis zugänglich zu machen. Beispiele hierfür sind die Führungskräftekartei und die Fehlzeitenverwaltung und -auswertung.

Eine Aufwertung des PC ergibt sich durch die direkte **Anbindung an das zentrale EDV-System**. Der PC kann sowohl im Dialog- als auch im Batchbetrieb mit dem Host verbunden werden.[29]

Der Filetransfer ist eine Möglichkeit zur Koppelung der Systeme. Die Daten können mit dieser Technik an den Großrechner übergeben (Upload) und vom Großrechner übernommen werden (Download). Beim Download können die Daten als Dateien auf den lokalen Massenspeicher des PC übernommen werden und stehen dann weiteren Anwendungen zur Verfügung.

---
[28] Vgl. HUCKERT,K., PC im Personalwesen, 1990, S.31.
[29] Konfigurationsbeispiele für die Anbindung eines PC an Großrechner finden sich bei: Witte,W., PC-Anwendungen, 1986, S.224.; HUCKERT,K., PC im Personalwesen, 1990, S.32 f.

Die Möglichkeiten werden ausgeschöpft, wenn neben der Host-Anbindung auch eine **lokale Vernetzung** der PC untereinander realisiert wird. Anders als bei einer Dezentralisierung von Aufgabenschritten in die FoI steht hier die Frage nach einer Koppelung der Rechner innerhalb der ZV im Vordergrund. Man spricht daher von einem Local Area Network (LAN).[30] HUCKERT beschreibt die Vorteile, die mit einem LAN verbunden sind:

- "gemeinsame Nutzung von Peripheriegeräten (Ressourcen-Sharing) wie Laserdrucker, Plotter, Telefaxgeräte etc.,
- gemeinsame Nutzung von Haupt- und Plattenspeicher,
- gemeinsamer Zugriff auf zentrale Datenbestände und Programme,
- Kommunikation (Electronic Mail) der einzelnen Benutzer untereinander."[31]

Für die Zukunft werden sich durch die enorme Leistungssteigerung der Mikrocomputer noch weiterreichende Möglichkeiten ausschöpfen lassen. Es ist "durchaus legitim, ein Personalinformationssystem zu postulieren, welches auf einem PC implementierbar ist."[32] Zur Zeit werden schon PIS angeboten, die auf einem PC unter DOS lauffähig sind.[33] Dies erschließt auch kleineren und mittleren Unternehmen die PIS-Anwendung. Aber auch für größere Unternehmen, wie die untersuchte Forschungs-Gesellschaft, werden solche Systeme in nicht allzu ferner Zukunft verfügbar sein.

Die Schwierigkeiten werden dann nicht mehr im technischen Bereich liegen. Vielmehr läßt sich eine Verschärfung der innerbetrieblichen Konflikte im Hinblick auf die Sicherung der personenbezogenen Daten vermuten. Auf diese Problematik und auf mögliche Lösungsansätze wird in den nächsten Kapiteln C.III. und C.IV. eingegangen.

Zusammenfassend läßt sich feststellen, daß der PC mit seinen vielfältigen Einsatzmöglichkeiten auch in der FoG eine ideale Ergänzung zur zentralen EDV darstellen kann. Schnelle, flexible und graphisch ansprechende Auswertungen sind nunmehr möglich. "Der PC wird auch im Personalwesen eine Revolution verursachen, die in ihren Auswirkungen nicht geringer sein wird, wie die Umstellung der Abrechnung auf EDV."[34]

---

[30] Zur Topologie von Netzwerken vgl. SCHEER,A.-W., EDV, 1990, S.87 f. KORNWACHS bemerkt dazu, daß die Konzeption eines Datennetzes den Datenfluß bestimmt und damit eine wesentliche Bedingung für betriebliche Abläufe überhaupt ist. Vgl. KORNWACHS,K., Aufbruch, 1991, S.11.
[31] HUCKERT,K., PC im Personalwesen, 1990, S.34.
[32] HEINECKE,A., DV im Personalwesen, 1991, S.256.
[33] Ein Anbieter u.a. ist H.R. Management Software GmbH, Düsseldorf.
[34] WITTE,W., PC-Anwendungen, 1986, S.228.

C.III. Datenschutz und Datensicherung

Bei der Einführung eines PIS sieht sich das Unternehmen teilweise anderen Fragen gegenübergestellt als in Bereichen, wo die Probleme eher technischer Natur sind (z.B. bei CAx-Komponenten).[1] Daher stehen in diesem und im folgenden Kapitel vor allem die vielfältigen Schwierigkeiten und Restriktionen im Zusammenhang mit den sensiblen personenbezogenen Daten im Mittelpunkt.[2]

Mit Hilfe der Datenverarbeitung ist es ein Leichtes, personenbezogene Daten zu erfassen, verknüpfen und auswerten zu können. Daher sollte ein besonders Augenmerk auf Datenschutz und Datensicherung gelegt werden. Unter Datenschutz versteht man dabei den Schutz von Persönlichkeitsrechten vor einem Mißbrauch. Datensicherungsmaßnahmen hingegen bezeichnen die Gesamtheit aller technischen und organisatorischen Maßnahmen, diesen Datenmißbrauch, z.b. durch Fälschung, Verlust oder unberechtigten Zugriff, zu verhindern.[3]

Allerdings werden diese Maßnahmen aus Wirtschaftlichkeitsgründen[4] allzuoft nur halbherzig durchgeführt. Man muß sich jedoch verdeutlichen, daß die Anforderungen an die Datensicherheit in der Personalwirtschaft deutlich höher sind als anderswo. Die Daten der Mitarbeiter sind "mit besonderer Intensität vor dem Zugriff Unbefugter" zu schützen.[5] Im übrigen liegt es im ureigenen Interesse des Unternehmens, das Vertrauen zwischen Personalwirtschaft und Mitarbeitern zu stärken. In der teilweise von Spannungen geprägten Atmosphäre zwischen ZV und FoI sollte der Datensicherheit besondere Aufmerksamkeit geschenkt werden.

C.III.1. Schutz der Daten mit Hilfe des Bundesdatenschutzgesetzes

Durch die erweiterte Leistungsfähigkeit der Personalinformationssysteme entstand eine neue Informationsqualität, der wirkungsvolle Methoden des Datenschutzes entgegengestellt werden müssen. Der Gesetzgeber reagierte darauf mit dem

---

[1] Nach einer empirischen Untersuchung von KILIAN sind zur Erreichung der definierten Ziele insbesondere die folgenden Kriterien zu beachten: 1. Rechtliche Restriktionen (Datenschutz, Datensicherung), 2. die Durchsetzbarkeit der Entscheidung zur Einführung und 3. die Kosten-Nutzen-Analyse. Vgl. HENTZE,J./ HEINECKE,A., Personalinformationssysteme, 1989, S.60.
[2] Zu einer genauen Bestimmung des Begriffs "personenbezogene Daten" vgl. WIEDEMEYER,G.R./ SCHUSTER,M., Bundesdatenschutzgesetz, 1990, S.276-279.
[3] Vgl. BECKER,M./ HABERFELLNER,R./ LIEBETRAU,G., EDV-Wissen, 1988, S.73 u. S.621.
[4] Auch das Bundesdatenschutzgesetz geht davon aus, daß Datensicherungsmaßnahmen nur durchzuführen sind, wenn Aufwand und Ertrag in einem angemessenen Verhältnis stehen. Als weitere Größe wird die Sensibilität der Daten als Bewertungsgröße mit einbezogen. Vgl. § 6 Bundesdatenschutzgesetz (BDSG) vom 20.12.1990, BGBl. I 2954.
[5] BELLGARDT,P., Datensicherung, 1990, S.266.

Bundesdatenschutzgesetz (BDSG), das am 01.01.1978 in Kraft trat. Somit sollen die personenbezogenen Daten der Arbeitnehmer gegen Übergriffe geschützt werden. Das Ziel des BDSG ist es, "durch den Schutz personenbezogener Daten vor Mißbrauch bei ihrer Speicherung, Übermittlung, Veränderung oder Löschung der Beeinträchtigung schutzwürdiger Belange des Betroffenen entgegenzuwirken."[6] Die zentralen Vorschriften in diesem Zusammenhang sind die §§ 23 und 24. Sie gestatten eine Verarbeitung dieser Daten nur im Rahmen der Zweckbestimmung eines Vertragsverhältnisses mit dem Betroffenen oder, soweit es den berechtigten Interessen des Arbeitgebers, der Allgemeinheit oder eines Dritten (z.b. Finanzamt oder Krankenkassen) entspricht.[7] Ohne auf juristische Einzelheiten einzugehen, ist deutlich erkennbar, daß der Interpretationsrahmen in diesem Bereich sehr weit gespannt ist. Spannungsverhältnisse zwischen Arbeitgeber und Betriebsrat liegen auf der Hand und müssen vor Inbetriebnahme eines PIS ausgeräumt sein.

Über das BDSG hinaus sind weitere, allgemeine Grundsätze des Datenschutzes im Hinblick auf die Personalaktenführung zu beachten:[8]

- **Der materielle Personalaktenbegriff**
  Alle Aufzeichnungen über den Arbeitnehmer, die in einem Zusammenhang mit dem Arbeitsverhältnis stehen, sind in einer Personalakte aufzubewahren.

- **Der Grundsatz der Vollständigkeit**
  Alle relevanten Akten müssen erhalten bleiben und dürfen nicht ohne Wissen des Betroffenen vernichtet oder verändert werden.

- **Der Grundsatz der Richtigkeit**
  Aus der Personalakte muß ein zutreffendes und objektives Bild über den Arbeitnehmer entstehen.

- **Der Grundsatz der Vertraulichkeit**
  Er durchzieht die gesamte Personalaktenführung und schützt den Betroffenen vor einer Offenlegung seiner Daten gegenüber unbefugten Dritten. Diesem Aspekt kommt im Rahmen eines stärkeren Objektbezugs eine weiter verstärkte Bedeutung zu.[9]

---

[6] § 1, Abs. 1 BDSG.
[7] Vgl. WIEDEMEYER,G.R./ SCHUSTER,M., Bundesdatenschutzgesetz, 1990, S.282.
[8] Vgl. WIEDEMEYER,G.R./ SCHUSTER,M., Bundesdatenschutzgesetz, 1990, S.290 f.
[9] Vgl. Unterabschnitt B.II.3.c., S.25.

C.III.2. Gefährdungsursachen und Datensicherungsmaßnahmen

Um die bereits angesprochenen Datenschutz-Maßnahmen durchsetzen zu können, muß das Mißbrauchs- und Gefährdungspotential durch Datensicherung prophylaktisch beseitigt werden. Auch hier bildet das BDSG die allgemeine Grundlage[10].

C.III.2.a. Gefährdungsursachen im technischen Bereich

Grundsätzlich gilt, daß "intelligente" Geräte, d.h. Rechner, die nicht nur Terminals des Host sind, sich eher für Manipulationen eignen. So können zum Beispiel über die Diskettenschächte Computerviren implantiert werden. Manipulationen dieser Art führen im Personalbereich zu eklatanten Auswirkungen. Hier ist u.a. an Folgen für die Lohn- und Gehaltsabrechnung zu denken. Auch interne Netzwerke (LAN) gelten allgemein als mögliche Gefahrenquelle.[11] Ebenso muß der gefahrlose Transport der Datenträger (Magnetbänder oder Disketten) ermöglicht werden.

Bei einem verstärkten Einsatz von PC-Geräten ergeben sich besondere Probleme. Der Mißbrauch wird durch die große Programmvielfalt erleichtert und die Datenübermittlung an unbefugte Dritte wesentlich vereinfacht. Auf diesem Weg können Auswertungen und Statistiken gefahren werden, die im Rahmen des eigentlichen PIS nicht durch entsprechende Betriebsvereinbarungen gedeckt sind. Als Beispiel sei hier nur auf die Auswertung der Fehlzeiten mit Hilfe eines Tabellenkalkulationsprogramms hingewiesen.

C.III.2.b. Gefährdungsursachen im personellen Bereich

Im personellen Bereich liegen die Gefährdungsursachen vor allem in den typischen Phasen: Eingabe - Verarbeitung - Ausgabe. Besonders die "aufmerksamkeitstötende Routine bei der Sachbearbeitung mit weitreichenden Konsequenzen (z.B. in der Entgeltabrechnung)" ist hier angesprochen.[12] Es können sowohl Fehler bei der Übertragung in das System auftreten als auch bei Fehlbedienungen der Tastatur. Ein stärkerer Objektbezug kann durch abwechslungsreichere Arbeit diese Routine zwar nicht unterbinden, wohl aber abmildern.

---

[10] Vgl. § 6 BDSG. In der Anlage zu diesem § sind die "10 Gebote" der Datensicherung niedergeschrieben.
[11] Vgl. VOBBEIN,R., Schutz- und Sicherheitsprobleme, 1989, S.56.
[12] BELLGARDT,P., Datensicherung, 1990, S.252.

C.III.2.c. Durchführung von Datensicherungsmaßnahmen

Um den oben genannten Gefährdungsursachen vorzubeugen, kristallisieren sich folgenden Hauptaspekte heraus:[13]

DATENSCHUTZ

durch

DATENSICHERUNG

Physische Sicherung der Datenbestände
Plausibilitätskontrollen
Benutzerstamm-Beschränkung
Passwort-Sicherung und Daten-Segmentierung
Funktionsvorbehalte
Organisationskontrolle
Besondere Vorkehrungen beim PC-Einsatz

Abb. 23: Zusammenhang zwischen Datenschutz und Datensicherung

- **Physische Sicherung der Datenbestände**
  Dazu gehören doppelt geführte Bestände, getrennte Tresoraufbewahrung auf verschiedenen Speichermedien und wöchentliche oder tägliche Back-up-Routinen.

- **Plausibilitätskontrollen**
  Um Eingabefehlern vorzubeugen, sind systemeigene Plausibilitätskontrollen einzusetzen. Dadurch wird sichergestellt, daß gravierende Fehler vermieden werden. Insbesondere im Abrechnungsteil können somit unrealistische Gehaltssummen oder BAT-Einstufungen verhindert werden.

- **Benutzerstamm-Beschränkung**
  Die Berechtigung, ein bestimmtes Programm oder Teile davon nutzen zu können, muß auf Systemebene dokumentiert werden. PAISY umschreibt dies mit einer "Benutzeridentifikation", wo Zugriffsrechte ausdrücklich festgelegt sind. RP bedient sich eines ähnlichen Systems. Für Rechner, die mit einer weiterreichenden Zugriffsberechtigung ausgestattet sind, ist als zusätzliche Sicherung eine codierte Magnetkarte zu empfehlen.

---

[13] Vgl. BELLGARDT,P., Datensicherung, 1990, S.262 f.

- **Passwort-Sicherung und Daten-Segmentierung**
Eine weitergehende Sicherung bietet das Passwort. Durch ein Buchstaben- oder Ziffernpasswort, das am Bildschirm unsichtbar eingegeben wird, erhält der Benutzer Zugang zu definierten Programmteilen. Diese Regelung kann Verzeichnisse, Dateien, Datensätze bis hinunter zu Datenfeldern betreffen. Beispielsweise kann geregelt werden, daß der für die norddeutschen Institute zuständige Personalreferent keinen Einblick in die Daten von Mitarbeitern anderer Institute oder der ZV erhält. Der Abteilungsleiter wird hingegen Zugang zu allen Mitarbeiter-Daten haben und zusätzlich zur Wahrnehmung dispositiver Arbeiten (z.b. Personalförderung) befugt sein.

- **Funktionsvorbehalte**
Neben der Zugriffsberechtigung auf bestimmte Daten sollte darüber hinaus geregelt werden, wie dieser Zugriff erfolgen kann. So kann es sinnvoll sein, nur die Berechtigung zum Lesen, nicht jedoch zum Ändern von Daten zu erteilen. Für die Bearbeitung eines Reisekostenantrags im Referat "Spezialaufgaben" ist es z.b. zur Überprüfung der Angemessenheit notwendig, Einblick in die Vertragsunterlagen zu erhalten (BAT-Einstufung). Nicht notwendig und daher auszuschließen ist dagegen die Möglichkeit zur Änderung dieser Daten.

- **Organisationskontrolle**
Neben den technischen sind auch geeignete organisatorische Maßnahmen zu treffen. Hierzu zählen die Erfassung aller Geräte an einer zentralen Stelle, die Dokumentation der Passwörter, die Protokollierung der Arbeitsschritte und die ordnungsgemäße Vernichtung der Datenträger. Wie schon mehrmals erwähnt, ist auch in diesem Zusammenhang auf Schulungsmaßnahmen hinzuweisen.

- Der **PC-Einsatz** in der Personalwirtschaft erfordert darüber hinaus spezielle Vorkehrungen. Insbesondere die Sicherung des Computers gegen Diebstahl und eine separat verschließbare Festplatte sind zu erwähnen. Ferner ist zu gewährleisten, daß der Rechner nicht geöffnet werden kann, um bestimmte Karten oder Chips auszutauschen. Zur Abwehr dieser Gefahr ist es ratsam, den Rechner zu verplomben. Des weiteren sollte bei sensiblen Anwendungen darauf geachtet werden, daß der Benutzer nicht auf die Betriebssystemebene gelangt, um dort sicherheitsgefährdende Befehle auszuführen (z.b. die DOS-Befehle DEBUG, FORMAT, FDISK, ERASE etc.).[14] Mögliche Kontrollen des Betriebsrats, die durch entsprechende Betriebsvereinbarungen gedeckt sein müssen, sollten kurzfristig anberaumt werden. So ist zu verhindern, daß der Benutzer unzulässige Speicherungen aus dem System entfernt.

---

[14] Vgl. HERWEG,R., Einsatz von PC, 1989, S.92 u. S.94 f.

C.IV. Implementierung von Personalinformationssystemen

C.IV.1. Probleme bei der Einführung

Die Probleme bei der Einführung eines PIS resultieren aus dem Spannungsverhältnis der verschiedenen Interessengruppen. Im folgenden werden die Ziele und die Machtkonstellation dieser Gruppen in der FoG skizziert.

C.IV.1.a. Sichtweise der Betroffenen und der Arbeitnehmervertreter

Die Einführung eines PIS betrifft alle Mitarbeiter, ehemalige ebenso wie ggf. zukünftige Mitarbeiter (Bewerber). Auch in der FoG sind Widerstände gegen ein PIS in erster Linie von der Arbeitnehmervertretung zu erwarten. Bisherige Erfahrungen, z.B. im Zusammenhang mit der bereits genehmigten, aber immer wieder hinausgezögerten Einführung eines Zeiterfassungs-Systems, stützen diese Erwartung. Befürchtungen der Betriebsräte betreffen den 'gläsernen Mitarbeiter', der durch die Verknüpfung von innerhalb und außerhalb des Unternehmens gespeicherter Daten entstehen könnte. Aus Furcht vor Mißbrauch durch den Arbeitgeber wurde von den Gewerkschaften sogar das gesetzliche Verbot von Personalinformationssystemen gefordert.[1] Der einzelne Arbeitnehmer als direkt Betroffener legt Wert auf die Wahrung seiner Intim- und Privatsphäre. Falls ein PIS für unerläßlich erachtet wird, sollten nur diejenigen Daten verwendet werden, die für das bestehende Arbeitsverhältnis unerläßlich sind.[2]

In der Tat sind diese Interessen berechtigt und nicht von der Hand zu weisen. Der einzige Weg, um ein integriertes DV-Unterstützungs-Instrumentarium in die Personalwirtschaft einzuführen, ist deshalb die intensive Einbeziehung der betroffenen Mitarbeiter und der Betriebsräte. Es muß deutlich werden, daß mit einer PIS-Einführung Vorteile für die Betroffenen verbunden sind. In diesem Zusammenhang sind u.a. die Objektivierung von Entscheidungen, die verbesserten Möglichkeiten zur Fortbildungsplanung sowie eine schnellere und gesicherte Erteilung von Auskünften zu nennen.[3] Nicht nur die Diskussion sondern auch die (freiwillige) Einbeziehung von Arbeitnehmer-Vorschlägen in die Konzeption erscheint unerläßlich[4], zumal der Betriebsrat in der FoG als ein bedeutender Einflußfaktor anzusehen ist.

---

[1] Vgl. MÜLDER,W., Implementierung, 1989, S.26.
[2] Vgl. HENTZE,J./ HEINECKE,A., Personalinformationssysteme, 1989, S.61.
[3] Vgl. WÖTZEL,S., Entwicklungstendenzen, 1990, S.78.
[4] Vgl. Ghanem,M., PIS, 1992, S.47.

C.IV.1.b. Sichtweise der Benutzer

Auch aus der Sicht der Benutzer, d.h. sämtlicher Mitarbeiter in der Abteilung B2, können sich negative Konsequenzen abzeichnen. Mögliche Auswirkungen könnten sein: erhöhte Kontrolle des Arbeitsplatzes (z.B. durch Protokollierung im System), Verlust von Einfluß durch abnehmende Bedeutung der Spezialkenntnisse oder Widerstand und Verunsicherung von älteren oder lernunwilligeren Mitarbeitern.

Mit dem Fortschreiten der Computertechnologie hat sich jedoch allgemein eine positivere Einstellung zu modernen Arbeitsmitteln durchgesetzt.[5] Auch in der ZV ist man in der Personal-Sachbearbeitung den neuen Technologien gegenüber aufgeschlossen, schon deshalb, weil über eine Arbeitsüberlastung geklagt wird. Auch diejenigen Mitarbeiter, die bereits teilweise Computer-gestützt arbeiten (SG1 - Vertragswesen), klagen nicht über die DV am Arbeitsplatz, sondern über deren unzureichende Funktionsweise. Wichtige Kritikpunkte sind: lange Antwortzeiten, unübersichtliche Benutzermasken und umständlich oder gar nicht zu generierende Statistiken. Die Einführung verbesserter DV-Unterstützung scheint nach den Untersuchungsergebnissen in der Personalwirtschaft der ZV eher positiv aufgenommen zu werden. Vor allem, weil damit die Hoffnung auf eine erhebliche Arbeitsentlastung verbunden ist.

C.IV.1.c. Sichtweise des Managements

Die Unternehmensleitung wird zum Zwecke einer rationellen Aufgabenerfüllung einem PIS grundsätzlich positiv gegenüberstehen. Auch der Personal-Vorstand der FoG und der Hauptabteilungsleiter sehen die Notwendigkeit einer modernen DV-Unterstützung. Kostengesichtspunkte und Unzufriedenheit in den Instituten über den Service der ZV verstärken den Handlungsbedarf und waren auch Anlaß für die Untersuchung des IBD in Verbindung mit der vorliegenden Schrift. Dem Management kommt bei der Umsetzung einer DV-Lösung entscheidende Bedeutung zu. Es muß auf die gegeneinanderströmenden Interessen eingehen, gleichzeitig aber auch den Ablauf des Projekts forcieren. Weil eine verbesserte DV für die Personalwirtschaft von strategischer Bedeutung ist, sollte das Projekt auf höchster Ebene, d.h. beim Personal-Vorstand angesiedelt sein.

---

[5] Vgl. MÜLDER,W., Implementierung, 1989, S.26.

C.IV.2. Organisatorische Implementierung

Die organisatorische Implementierung wird als Instrumentarium verstanden, mit dem es ermöglicht wird, "ein technisch und funktional leistungsfähiges DV-System [zu installieren], das von Benutzern und Betroffenen in vollem Umfang als sinnvolles Hilfsmittel akzeptiert wird."[6] Es würde jedoch den Rahmen dieser Arbeit sprengen, ein konkretes Phasenschema zum Ablauf eines PIS-Einführungsprojektes darzustellen.[7] Folgende Punkte erweisen sich jedoch bei der Einführung als besonders markant.

Im vorangegangenen Abschnitt wurde angesprochen, daß eine erfolgreiche Einführung nur unter Einbeziehung von Betriebsräten, Betroffenen und Personal-Referenten möglich ist. Um eine Akzeptanz dieser Gruppen und damit eine rationelle und zukunftsorientierte Bearbeitung in der Personalwirtschaft der ZV zu erreichen, werden im folgenden Maßnahmen zur Erfüllung dieses Ziels skizziert:[8]

- **Information des Betriebsrates**
  Der Betriebsrat hat gesetzliche Informations- und Beratungsrechte (insbes. § 80, Abs. II, BetrVG), die auch für die Einführung eines PIS Gültigkeit besitzen. Der Betriebsrat sollte bereits in der Planungsphase informiert werden, so können frühzeitig Akzeptanzbarrieren verhindert werden. Folgende Unterlagen können für eine qualifizierte Unterrichtung zur Verfügung gestellt werden:[9] Systemdokumentation, Nutzungsvertrag, Datenkatalog, Masken und Listen, definierte Schnittstellen.

- **Schulungen**
  Mitglieder des Betriebsrats können Schulungen im Zusammenhang mit der PIS-Einführung in Anspruch nehmen, sofern Kenntnisse darüber für ihre Betriebsratsarbeit erforderlich sind (§ 37, Abs. VI BetrVG). Ansonsten sind Schulungsveranstaltungen in erster Linie für Führungskräfte und Personalreferenten gedacht. Sie sollen theoretisch und vor allem praktisch in die Möglichkeiten der Hard- und Software einführen. Als besonders vorteilhaft hat sich die Arbeit mit einer Musterfirma erwiesen.

- **Beteiligung von Benutzern und Betriebsräten**
  Die Beteiligung - und nicht nur die Information - der Betriebsräte hilft, frühzeitig Mißtrauen abzubauen. Am günstigsten ist die Mitarbeit eines Betriebsratsmitglieds in der Projektgruppe. Die Einbeziehung der Benutzer ist jedoch auch für die praktische

---

[6] MÜLDER,W., Implementierung, 1989, S.27.
[7] Vgl. dazu DOMSCH,M., Personalarbeit, S.36; GHANEM,M., PIS, 1992, S.47-49. Einen allgemeinen Überblick über die Phasen einer DV-Einführung bietet BECKER,M./ HABERFELLNER,R./ LIEBETRAU,G., EDV-Wissen, 1988, S.219-270.
[8] Zu den folgenden Maßnahmen vgl. MÜLDER,W., Implementierung, 1989, S.34-38.
[9] Vgl. MÜLDER,W., Implementierung, 1989, S.34.

Arbeit unerläßlich. Die Planung ohne die Beteiligung der Personalreferenten als spätere Benutzer ist heute nicht mehr denkbar. Sie verfügen über das Sachwissen und können auch bei Erwerb von Standardsoftware wirkungsvolle Hilfestellungen geben, so z.B. bei den notwendigen Einstellungen der Parameter. In der Praxis wird gerade in diesem Punkt der Fehler gemacht, daß die Benutzer zu spät informiert werden.[10] Falsche Einstellungen, mangelhafte Benutzeroberflächen u.ä. können dann nur noch mit großem Aufwand korrigiert werden.

- **DV-Koordinierungsstelle "Personalwesen"**
  Nach der Implementierung eines PIS kann für alle DV-technischen Fragen eine Koordinierungsstelle eingerichtet werden. Mit einer solchen Stelle hat auch das Kernforschungszentrum Karlsruhe gute Erfahrungen gemacht. Sie könnte als Stabsstelle in der Personalwirtschaft verankert werden und folgende Hauptaufgaben haben: Klärung von Fehlern, Pflege von Tabellen und Schlüsselverzeichnissen, Erstellen von speziellen Auswertungen auf PC, Erstellen von Handbüchern, Durchführung von Schulungen u.a.

- **Betriebsvereinbarungen und Einigungsstelle**
  Auch wenn der Betriebsrat die Einführung eines PIS nicht grundsätzlich verhindern kann[11], hat er doch ein Mitbestimmungsrecht gemäß. § 87, Abs. I, Nr. 6 BetrVG. Dies ist der Fall, wenn es um die Einführung und Anwendung technischer Anlagen geht, die geeignet sind, das Verhalten oder die Leistung der Arbeitnehmer zu überwachen. Der Konsens zwischen Arbeitnehmervertretung und Arbeitgeber ist in einer Betriebsvereinbarung festzuhalten. Dies ist der übliche Weg der Mitbestimmungsausübung der Arbeitnehmervertretung. Die Vereinbarung "ist dann Rechtsgrundlage für die mit der Verarbeitung [der] Daten verbundenen Einschränkungen des informellen Selbstbestimmungsrechts der Beschäftigten".[12] Falls über deren Inhalt keine Einigung erzielt wird, kann die Einigungsstelle angerufen werden (§ 87, Abs. II; § 76 BetrVG). Eine solche Instanz bringt jedoch oftmals für beiden Seiten unbefriedigende Lösungen hervor. Daher ist eine Einigung im Vorfeld anzustreben.

---

[10] Vgl. MÜLDER,W., Implementierung, 1989, S.36.
[11] Vgl. OECHSELER,W.A./ SCHÖNFELD,T., Rechtliche Probleme, 1986, S.720-735.
[12] GOLA,P., Betriebsvereinbarung, 1989, S.69.

C.IV.3. Wirtschaftlichkeitsbetrachtung

Die Bewertung des DV-Einsatzes "stößt in der Praxis auf größte Schwierigkeiten. Im wesentlichen sind es Meß- und Bewertungsprobleme, Probleme der Erfassung qualitativer Größen im Kosten- und insbesondere Leistungsbereich".[13] Daher versagen meist die gängigen statischen und dynamischen Investitionsrechnungen, die mit Kosten und Leistungen bzw. Einzahlungen und Auszahlungen operieren. Diese Verfahren bilden zwar quantitativ zu erfassende Faktoren ab, haben aber größte Schwierigkeiten mit der monetären Bewertung der qualitativen Faktoren (z.B. verbesserte Auskunftsfähigkeit, Ausbau des Servicegedankens oder erhöhte Arbeitszufriedenheit der Mitarbeiter). Aufgrund dieser Komplexität kann die Beurteilung verschiedener Alternativen im Rahmen dieser Arbeit nicht vertieft werden. Dennoch soll als Anhaltspunkt für die Bewertung der qualitativen Faktoren ein gängiges Verfahren der Praxis nicht unerwähnt bleiben.

Zu den oben genannten Rechnungen, die die Wirtschaftlichkeit absolut in DM-Beträgen ausdrücken, sollte bei der Bewertung von PIS die Nutzwertanalyse zur Feststellung der relativen Vorteilhaftigkeit hinzugezogen werden. Dieses Verfahren gibt in der Praxis wertvolle Entscheidungshilfen, ist jedoch theoretisch nicht voll zufriedenstellend. Dies kann aber vernachlässigt werden, denn letztendlich wird "niemand in der Lage sein, die Wirtschaftlichkeit eines computergestützten Personalinformationssystems rechnerisch nachzuweisen."[14]

Nach einem bewährten Modell von DOMSCH[15] werden zunächst die zurechenbaren Kosten ermittelt: z.B. für das Projektteam, Systempersonal, externe Berater, Hard-/ Software oder sonstige Sachmittelkosten, wobei noch einmal zwischen einmaligen und laufend anfallenden Betriebskosten unterschieden wird. Wenn möglich, wird in gleicher Weise auch mit dem Nutzen verfahren. Für die FoG sind in erster Linie Personalkosten, Einsparung der Kosten für die externe Abrechnung und ggf. Einsparung von Maschinen- und Materialkosten in der Mikroverfilmung zu nennen. Anschließend werden die schwer oder nicht zu quantifizierenden Größen anhand einer Skala von 0 bis 3 benotet, gewichtet und schließlich zu einem Gesamtnutzen addiert. Die folgende Gegenüberstellung von DM-Größen und ermittelten Nutzwerten bringt in der Regel keine eindeutigen Ergebnisse. Für die Verdichtung der beiden Prioritätsfolgen gibt es daher unterschiedliche Entscheidungsregeln. Der Vorteil dieser Kosten-Nutzen-Analyse ist ihr hoher Grad an Transparenz, sie trägt so zu Versachlichung der Entscheidungsfindung bei.

---

[13] REICHWALD,R., Entwicklungstrends, 1991, S.405.
[14] HEINRICH,LUTZ J./ PILS,M., Betriebsinformatik, 1983, S.191.
[15] Vgl. DOMSCH,M., Personalarbeit, 1980, S.84-98. Einen allgemeinen Einblick in die Problematik der Wirtschaftlichkeitsbeurteilung der Bürokommunikation bietet: HOYER,R./ HÖLZER,G., Wirtschaftlichkeitsrechnungen, 1987.

D. Zusammenfassung und Ausblick

Aufbauend auf den in Kapitel B.II. analysierten Schwachstellen haben sich zu einer verbesserten Organisation der Personalwirtschaft schwerpunktmäßig drei Ansatzpunkte herauskristallisiert: Eine objektbezogene Organisation der Sachbearbeitung, eine verstärkte Dezentralisierung und eine integrierte DV-Unterstützung lassen erhebliches Rationalisierungspotential erkennen.

Es soll jedoch keinem neuen Dogma das Wort geredet werden.

> "Es gibt nicht *ein* Modell 'richtiger' Arbeitsteilung; in verschiedenen Verwaltungen - unter Umständen auch in einer Verwaltung - können sehr unterschiedliche Formen der Arbeitsorganisation angemessen sein."[1]

Aus diesem Grund wurde auch stets auf die Grenzen der Organisationsformen hingewiesen. Unter den diskutierten Bedingungen in der Personalwirtschaft der FoG versprechen die vorgestellten Maßnahmen jedoch eine deutlich wirtschaftlichere Bearbeitung. Im übrigen kann sich die ZV wieder verstärkt um eine ihrer Hauptaufgaben kümmern: Die Betonung des Servicegedankens gegenüber den Instituten. Dies erscheint aufgrund des teilweise gespannten Verhältnisses zwischen ZV und FoI auch notwendig.

Der Erfolg der Personalarbeit wird in Zukunft daran zu messen sein, inwieweit auf veränderte interne und externe Einflüsse flexibel reagiert werden kann. Um diesen Anforderungen gerecht zu werden, ist die Einführung eines DV-gestützten integrierten Personalinformationssystems unabdingbar. Darauf aufbauend bieten neuere DV-Techniken die Möglichkeiten einer zeitgemäßeren Archivierung der Personalakten. Die Ablösung der Mikroverfilmung wird u.a. durch neuartige "Optische Speichersysteme" vorangetrieben. Hierbei können die Personalunterlagen mittels Scanner on-line in das PIS eingegeben werden. Auch eine schrittweise Übernahme der bislang auf Mikrofilm abgelegten Akten ist vorgesehen. Damit wird eine sofortige dialogorientierte Bearbeitung der Vorgänge, einschließlich der Änderungen von Personalakten, möglich.

Die vorgeschlagenen, weitreichenden Veränderungen werden vermutlich auf Widerstand stoßen, da in der Praxis "eine Tendenz zu einem organisatorischen Konservatismus festzustellen" ist.[2] Ursache hierfür kann die 'Macht des Faktischen' oder die Umverteilung von Einfluß sein.

---

[1] WELTZ,F./ BOLLINGER,H., Zauberformel, 1987, S.54. In diesem Sinne auch GERPOTT,T.J., Perspektiven, 1990, S.620.
[2] KIESER,A., Organisationslandschaft, 1985, S.308.

Schon um für die Herausforderungen der Zukunft gewappnet zu sein, muß eine "Bereitschaft zum technisch-organisatorischen Experiment geweckt" werden.[3] So werden auf dem Gebiet der Informations- und Kommunikations (IuK)- Techniken Entwicklungen realisiert, die durch weitgehende Integration eine durchgängige Vorgangsbearbeitung ermöglichen. Ähnlich der CIM- Diskussion im Fertigungsbereich, wird der Begriff des 'Computer Aided Office' (CAO) eine verstärkte Bedeutung erhalten.[4]

Bullinger et.al. geben die Richtung vor, wenn sie unter diesen Vorzeichen feststellen: "Unser Umgang mit dem Computer und unsere derzeitige Arbeitsorganisation werden damit grundlegenden Veränderungen unterzogen."[5]

---

[3] KIESER,A., Organisationslandschaft, 1985, S.308.
[4] Vgl. für andere: PISSOT,H., CAO, 1992, S.26-31, oder: SPÄTH,J., Bürokommunikation, 1990, S.28-32.
[5] BULLINGER,H.-J./ FRÖSCHLE,H.-P./ HOFFMANN,J., Multimedia, 1992, S.6.

Literaturverzeichnis

ALBERS, FELICITAS [Informationstechnik, 1988]: Das Büro als Einsatzfeld der Informationstechnik - Informationstechnische Entwicklung und organisatorische Konsequenzen, in: zfo 2/1988, S. 78-88

ALGA-UNTERNEHMENSBERATUNG [Pflichtenhefte, 1991]: Pflichtenhefte Standardsoftware - Abrechnungssysteme, Zeitwirtschaft, Reisekostenabrechnung, Frechen u.a., 1991

BABBAGE, C. [Economy, 1971]: On the Economy of Machinery and Manufactures, New York, 1971 (1. Aufl. London, 1832)

BAHRDT, HANS PAUL [Industriebürokratie, 1958]: Industriebürokratie - Versuch einer Soziologie des industrialisierten Bürobetriebes und seiner Angestellten, Stuttgart: Ferdinand Enke, 1972 (Soziologische Gegenwartsfragen)

BECKER, BERND [Öffentliche Verwaltung, 1989]: Öffentliche Verwaltung - Lehrbuch für Wissenschaft und Praxis, Percha: R.S. Schulz, 1989

BECKER, MARIO/ HABERFELLNER, REINHARD/ LIEBETRAU, GEORG [EDV-Wissen, 1988]: EDV-Wissen für Anwender - Ein Handbuch für die Praxis, 8. Aufl., Zürich: Industrielle Organisation, 1988

BELLGARDT, PETER [Systemunterstützung, 1990]: Rechner- und Systemunterstützung im Personalwesen, in: PETER BELLGARDT (Hrsg.): EDV-Einsatz im Personalwesen - Entwicklungen, Anwendungsbeispiele, Datensicherheit und Rechtsfragen, Heidelberg: Sauer, 1990, S. 17-24

BELLGARDT, PETER [Datensicherung, 1990]: Datensicherung im Personalbereich, in: PETER BELLGARDT (Hrsg.): EDV-Einsatz im Personalwesen - Entwicklungen, Anwendungsbeispiele, Datensicherheit und Rechtsfragen, Heidelberg: Sauer, 1990, S. 250-267

BELLMANN, KURT [Arbeitsteilung, 1989]: Kostenoptimale Arbeitsteilung im Büro - Der Einfluß neuer Informations- und Kommunikationstechnik auf Organisation und Kosten der Büroarbeit, Berlin: Erich Schmidt, 1989 (Mensch und Arbeit im technisch-organisatorischen Wandel; Band 7)

BELLMANN, KURT/ WITTMANN, EDGAR [Arbeitsstrukturierung, 1991], Modelle der organisatorischen Arbeitsstrukturierung - Ökonomische und humane Effekte, in: HANS-JÖRG BULLINGER (Hrsg.): Handbuch des Informationsmanagements im Unternehmen - Technik, Organisation, Recht, Perspektiven, Bd. 1, München: Beck, 1991, S. 487-515

BLEICHER, KNUT [Unternehmensentwicklung, 1976]: Unternehmensentwicklung und Organisationsplanung, in: zfo 1/1976, S. 4-12

BLEICHER, KNUT [Zentralisation und Dezentralisation, 1980]: Zentralisation und Dezentralisation, in: ERWIN GROCHLA (Hrsg.): Handwörterbuch der Organisation, 2. Aufl., Stuttgart: Poeschel 1980 (Enzyklopädie der Betriebswirtschaftslehre, Band 2), Sp. 2405-2418

BULLINGER, HANS-JÖRG [Büroautomation, 1984]: An der Schwelle zur Büroautomation - vom Mythos zur Realität, in: zfo 5-6/1984, S. 295-301

BULLINGER, HANS-JÖRG/ FRÖSCHLE, HANS-PETER/ HOFMANN, JOSEPHINE [Multimedia, 1992]: Multimedia - Von der Medienintegration über die Prozeßintegration zur Teamintegration, in: OM 6/1992, S. 6-13

DOMSCH, MICHEL [Personalarbeit, 1980]: Systemgestützte Personalarbeit, Wiesbaden: Gabler, 1980 (Bochumer Beiträge zur Unternehmensführung und Unternehmensforschung; Band 23)

DOMSCH, MICHEL/ GERPOTT, TORSTEN J. [Organisation, 1992]: Organisation des Personalwesens, in: ERICH FRESE (Hrsg.): Handwörterbuch der Organisation, 3. völlig neu gestalt. Aufl., Stuttgart: Poeschel, 1992 (Enzyklopädie der Betriebswirtschaftslehre; Band 2), Sp. 1934-1949

ESCHENBACH, Arthur [Job Enlargement, 1977] Job Enlargement und Job Enrichment - Modelle und Organisationsformen, Gerbrunn: A.Lehmann, 1977

FRAUNHOFER-GESELLSCHAFT [Leitlininien, 1988]: Leitlinien für die organisatorische Struktur der Fhl - Verwaltungen, München, 1988 (unveröffentlichtes Manuskript)

FRAUNHOFER-GESELLSCHAFT [Planungs- und Kontrollsystem, 1992]: Das EDV-gestützte Planungs- und Kontrollsystem der FhG, München, 1992 (unveröffentliches Manuskript)

GAITANIDES, MICHAEL [Prozeßorganisation, 1983]: Prozeßorganisation - Entwicklung, Ansätze und Programme prozeßorientierter Organisationsgestaltung, München: Vahlen, 1983 (WiSo-Kurzlehrbücher: Reihe Betriebswirtschaft)

GERPOTT, TORSTEN J. [Perspektiven, 1990]: Perspektiven des Personalmanagements in der deutschen Automobilindustrie - Explorative Befunde, in: DBW 5/1990, S. 611-623

GHANEM, MICHAEL [PIS, 1992]: Personal-Informationssysteme - Eine kritische Würdigung, in: OM 7-8/1992, S. 45-49

GOLA, PETER [Betriebsvereinbarung, 1989]: Betriebsvereinbarungen zur Personaldatenverarbeitung, in: HMD 9/1989, S. 69-77

GROCHLA, ERWIN [Dezentralisierungs-Tendenzen, 1976]: Dezentralisierungs-Tendenzen im Betrieb durch Einsatz moderner Datenverarbeitung, in: Angewandte Informatik, 12/1976, S. 511-521

GROCHLA, ERWIN [Grundlagen, 1982]: Grundlagen organisatorischer Gestaltung, Stuttgart: Poeschel, 1982 (Sammlung Poeschel; P 100)

GROCHLA, ERWIN [Unternehmungsorganisation, 1983]: Unternehmungsorganisation - Neue Ansätze und Konzeptionen, 9. Aufl., Opladen: Westdeutscher Verlag, 1983

HEINECKE, ALBERT [DV im Personalwesen, 1991]: Datenverarbeitung im Personalwesen, in: Personal 7-8/1991, S. 256-259

HEINRICH, LUTZ J./ PILS, MANFRED [Betriebsinformatik, 1983]: Betriebsinformatik im Personalbereich - Die Planung computergestützter Personalinformationssysteme, Würzburg u.a.: Physica, 1983 (Methoden der Planung und Lenkung von Informationssystemen; Band 4)

HENTSCHEL, BERND [Abrechnungssysteme, 1989]: Abrechnungssysteme - Reformen und Werkzeuge, in: HMD 9/1989, S. 3-11

HENTZE, JOACHIM/ HEINECKE, ALBERT [EDV, 1989]: EDV im Personalwesen, in: Personal 1/1989, S. 18-21

HENTZE, JOACHIM/ HEINECKE, ALBERT [Personalinformationssysteme, 1989]: EDV im Personalwesen: Personalinformationssysteme in: Personal 2/1989, S. 60-63

HENTZE, JOACHIM/ HEINECKE, ALBERT [Konzepte, 1989]: Konzepte vorhandener Personalinformationssysteme - dargestellt anhand einer Produktauswahl, in: HMD 9/1989, S. 12-23

HERCHES, H. [Büroorganisation, 1926]: Grundsätze der Büroorganisation im Handelsbetriebe, in: ZfB 3/1926, S. 478-483

HERWEG, RALF [Einsatz von PC, 1989]: Einsatz von Personal Computern für Personaldatenverarbeitung und andere sensitive Anwendungen, in: HMD 9/1989, S. 90-95

HOYER, RUDOLF/ HÖLZER, GEORG (Hrsg.) [Wirtschaftlichkeitsrechnung, 1987]: Wirtschaftlichkeitsrechnungen im Bürobereich - Konzepte und Erfahrungen, Berlin: Erich Schmidt, 1987 (Betriebliche Informations- und Kommunikationssysteme; Band 9)

HUCKERT, KLAUS [PC im Personalwesen, 1990]: Einsatz von Personal Computern im Personalwesen - Kriterien, Möglichkeiten und Lösungen, in: PETER BELLGARDT (Hrsg.): EDV-Einsatz im Personalwesen - Entwicklungen, Anwendungsbeispiele, Datensicherheit und Rechtsfragen, Heidelberg: Sauer, 1990, S. 26-53

INSTITUT FÜR BETRIEBLICHE DATENVERARBEITUNG E.V. (IBD) [Abschlußbericht, 1992]: Bericht zur Durchführung einer Analyse der Aufbau- und Ablauforganisation der Personalwirtschaft, Düsseldorf, 1992 (unveröffentlicher Bericht)

KIESER, ALFRED [Organisationslandschaft, 1985]: Veränderungen der Organisationslandschaft - Neue Techniken lösen magisches Dreieck der Organisation auf, in: zfo 5-6/1985, S. 305-312

KILIAN-MOMM, AGATHE [Dezentralisierung, 1989]: Dezentralisierung von Büroarbeitsplätzen mit neuen Informations- und Kommunikatonstechniken - Eine Analyse unter betriebswirtschaftlich-organisatorischen Aspekten, München: VVF, 1989 (Unternehmensentwicklung; Band 3; zugl. Diss. Univ. Mainz 1988)

KORNWACHS, KLAUS [Aufbruch, 1991]: Informations- und Kommunikationstechnik im Aufbruch, in: HANS-JÖRG BULLINGER (Hrsg.): Handbuch des Informationsmanagements im Unternehmen - Technik, Organisation, Recht, Perspektiven, Bd. 1, München: Beck, 1991, S. 1-22

KOSIOL, ERICH [Organisation, 1962]: Organisation der Unternehmung, Wiesbaden: Gabler, 1962

KOSSBIEL, HUGO [Personalbereitstellung, 1988]: Personalbereitstellung und Personalführung in: HERBERT JACOB (Hrsg.): Allgemeine Betriebswirtschaftslehre - Handbuch für Studium und Prüfung, 5. überarb. Aufl., Wiesbaden: Gabler, 1988

KRÜGER, WILFRIED [Aufgabenanalyse und -synthese, 1992]: Aufgabenanalyse und -synthese, in: ERICH FRESE (Hrsg.): Handwörterbuch der Organisation, 3. völlig neu gestalt. Aufl., Stuttgart: Poeschel, 1992 (Enzyklopädie der Betriebswirtschaftslehre; Band 2), Sp. 221-236

LIEBELT, WOLFGANG/ SULZBERGER, MARKUS [Grundlagen, 1989]: Grundlagen der Ablauforganisation, Gießen: Dr. Götz Schmidt, 1989 (Schriftenreihe "Der Organisator"; Band 9)

MÜLDER, WILHELM [Implementierung, 1989]: Organisatorische Implementierung von Personalinformationssystemen, in: HMD 9/1989, S. 26-39

MÜLLER, FRANZ-JOSEF/ MÜNSTER, GABRIELE/ NOCKER, PETER [Rundum-Sachbearbeitung 1990]: Organisation, Technik und Qualifizierung der Mitarbeiter - Ganzheitliche Kundenbetreuung durch Rundum-Sachbearbeitung in der Aachener und Münchener Lebensversicherung AG, in: OM 6/1990, S. 14-21

NIPPA, MICHAEL [Büroorganisation, 1991]: Die Gestaltungsrelevanz der Aufgabe für die Büroorganisation - Theorie, Merkmale, Anwendungen, in: HANS-JÖRG BULLINGER (Hrsg.): Handbuch des Informationsmanagements im Unternehmen - Technik, Organisation, Recht, Perspektiven, Bd. 1, München: Beck, 1991, S. 415-449

NORDSIECK, FRITZ [Rationalisierung, 1955]: Rationalisierung der Betriebsorganisation, 2. überarb. Auflg. von: Grundlagen der Organisationslehre, Stuttgart: Poeschel, 1955

NORDSIECK, FRITZ [Betriebsorganisation, 1972]: Betriebsorganisation - Lehre und Technik - Textband, Stuttgart: Poeschel, 1972

OECHSLER, WALTER A./ SCHÖNFELD, THORLEIF [Rechtliche Probleme, 1986]: Computergestützte Personalinformationssysteme - Rechtliche Probleme in der betrieblichen Praxis, in DBW 6/1986, S. 720-735

o.V.: Abgabenordnung (AO) vom 16.03.1976 (BGBl I, S.613) idF vom Januar 1977 (BGBl I, S.269)

o.V.: Betriebsverfassungsgesetz (BetrVG) vom 15.1.1972 (BGBl I, S.13 idF vom 23.12.1989 (BGBl 1989 I, S.1) o.V.: Bundesdatenschutzgesetz (BDSG) idF vom 20.12.1990 (BGBl I 2954)

PASCHEN, KLAUS [Personalorganisation, 1988]: Formen der Personalorganisation - Von der funktionalen Organisation zum Integrationsmodell, in: zfo 4/1988, S. 237-241

PETERS, GÜNTER [Ablauforganisation, 1988]: Ablauforganisation und Informationstechnologie im Büro - Konzeptionelle Überlegungen und empirisch-explorative Studie, Köln: Müller Botermann, 1988 (Reihe: Personalwesen, Organisation, Unternehmensführung; Band 5: zugl. Diss. Univ. Köln 1987)

PETERS, GÜNTER [Büroarbeit, 1990]: Ablauforganisation im Büro - Ansatzpunkte zur effizienten Gestaltung der Büroarbeit, 1. Teil, in: zfo 2/1190, S. 105-110

PICOT, ARNOLD [Entwicklung, 1982]: Bürokommunikation und technologische Entwicklung, in: OM 3/1982, S. 238-246

PICOT, ARNOLD/ REICHWALD, RALF [Bürokommunikation, 1987]: Bürokommunikation - Leitsätze für den Anwender, 3. Aufl., Halbergmoos: Angewandte Informations-Technik, 1987

PISSOT, HOLGER [CAO, 1992]: Computer Aided Office (CAO) - Unterstützung von Verwaltungsprozessen durch EDV-Technik, in: OM 5/1992, S. 26-31

REICHWALD, RALF [Büroautomatisierung, 1985]: Büroautomatisierung mit ganzheitlichem Planungsansatz - Ein organisatorisches Programm erfolgreicher Technikimplementierung, in: OM 12/1985, S. 1218-1221

REICHWALD, RALF [Entwicklungstrends, 1991]: Entwicklungstrends in der Büroautomation, in: HANS-JÖRG BULLINGER (Hrsg.): Handbuch des Informationsmanagements im Unternehmen - Technik, Organisation, Recht, Perspektiven, Bd. 1, München: Beck, 1991, S. 375-414

REFA (Verband für Arbeitsstudien und Betriebsorganisation) [Methodenlehre, 1985]: Methodenlehre der Organisation für Verwaltung und Dienstleistung, München: Hanser, 1985

ROGOWSKI, MICHAEL [Personalbereich, 1983]: Einsatz der EDV im Personalbereich und die Entwicklung von Personalinformationssystemen, in: FRITZ BISANI (Hrsg.): Ausgewählte Probleme betrieblicher Personalarbeit, Wiesbaden: Gabler, 1983, S. 99-117

SCHEER, AUGUST-WILHELM [CIM, 1990]: CIM - Computer Integrated Manufacturing - Der computergesteuerte Industriebetrieb, 4. neu bearb. und erw. Aufl., Berlin u.a.: Springer, 1990

SCHEER, AUGUST-WILHELM [EDV, 1990]: EDV-orientierte Betriebswirtschaftslehre - Grundlagen für ein effizientes Informationsmanagement, 4. völlig neu bearb. Aufl., Berlin u.a.: Springer, 1990

SCHNEIDER, MICHAEL [Sendung mit der Maus, 1991]: Die Sendung mit der Maus, in: manager magazin 7/1991, S. 121-125

SCHWETZ, ROLAND [Durchlaufzeiten, 1990]: Kürzere Durchlaufzeiten bei der Büroarbeit - Zum strategisch-ökonomischen Nutzen der Bürokommunikation, in: OM 4/1990, S. 44-49

SEIBT, DIETRICH [Software, 1983]: Software für das Personalwesen und für Personal- Informationssysteme, in: BERND HENTSCHEL/ GEORG WRONKA (Hrsg.): Personalinformationssysteme in der Diskussion - PIS-Sammelband, Köln: Datakontext, 1983 (Schriftenreihe: DV- Personalpraxis), S. 153-172

SIEDENTOPF, HEINRICH [Öffentliche Verwaltung, 1992]: Organisation des Personalwesens in der öffentlichen Verwaltung, in: ERICH FRESE (Hrsg.): Handwörterbuch der Organisation, 3. völlig neu gestalt. Aufl., Stuttgart: Poeschel, 1992 (Enzyklopädie der Betriebswirtschaftslehre; Band 2), Sp. 1924-1934

SPÄTH, JÜRGEN [Bürokommunikation, 1990]: Integrierte Bürokommunikation: Anspruch und Wirklichkeit - Anwender ergreifen die Initiative, in: OM 4/1990, S. 28-32

SZYPERSKI, NORBERT et.al. [Typologie 1982] Bürosysteme in der Entwicklung - Studien zur Typologie und Gestaltung von Büroarbeitsplätzen, Braunschweig u.a., 1982

TAYLOR, FREDERICK WINSLOW [Betriebsführung, 1977]: Die Grundsätze wissenschaftlicher Betriebsführung (The principles of scientific management), übers. von Rudolf Roesler, neu hrsg. u. eingel. von Walter Volpert u. Richard Vahrenkamp, Nachdruck d. autoris. Ausg. von 1913, Weinheim u.a.: Beltz, 1977 (Berufliche Bildung und Berufsbildungspolitik; Band 3)

THOM, NORBERT [Innovationsmanagement, 1980]: Grundlagen des betrieblichen Innovationsmanagements, 2. Aufl., Königsstein, 1980

VDMA (Verband Deutscher Maschinen- und Anlagenbauer) [DV-Leitfaden, 1980]: DV-Leitfaden für Klein- und Mittelbetriebe im Maschinenbau, Frankfurt/M.: Maschinenbau-Verlag, 1980

VOGLER, PETER [Entbürokratisierung, 1989]: Entbürokratisierung von Unternehmen, Köln: TÜV Rheinland, 1989 (Leitfaden für Unternehmer und Führungskräfte)

VOßBEIN, REINHARD [Schutz- und Sicherheitsprobleme, 1989]: Schutz- und Sicherheitsprobleme bei der dezentralen Erfassung personenbezogener Daten, in: HMD 9/1989, S. 50-61

VOßBEIN, REINHARD [Bürokommunikation, 1990]: Management der Bürokommunikation - Strategische und konzeptionelle Gestaltung von Bürokommunikationssystemen, Braunschweig u.a.: Vieweg, 1990

WAGNER, DIETER [Zentralisation oder Dezentralisation, 1989]: Zentralisation oder Dezentralisation der Personalfunktion in der Unternehmung? - Organisatorisch-institutionelle Aspekte und konzeptionelle Perspektiven des Personalmanagements, in: zfo 3/1989, S. 179-185

WAGNER, HELMUT/ SAUER, MECHTHILD [Personalinformationssysteme, 1992]: Personalinformationssysteme, in: EDUARD GAUGLER/ WOLFGANG WEBER (Hrsg.): Handwörterbuch des Personalwesens, 2. neubearb. und erg. Aufl., Stuttgart: Poeschel, 1992 (Enzyklopädie der Betriebswirtschaftslehre; Band 5), Sp. 1711-1723

WEBER, MAX [Wirtschaft und Gesellschaft, 1976]: Wirtschaft und Gesellschaft - Grundriß der verstehenden Soziologie, 5. Aufl., 1. und 2. Halbband, Tübingen: Mohr, 1976

WELTZ, FRIEDRICH/ BOLLINGER, HEINRICH [Zauberformel, 1987]: Dezentralisierung und Integration: Zauberformel der Büroarbeit, im OM 3/1987, S. 52-56

WIEDEMEYER, GERD R./ SCHUSTER MATTHIAS [Bundesdatenschutzgesetz, 1990]: Die Anwendung des Bundesdatenschutzgesetzes auf das Arbeitsverhältnis und die Frage eines bereichsspezifischen Personaldaten-Schutzgesetzes, in: PETER BELLGARDT (Hrsg.): EDV-Einsatz im Personalwesen - Entwicklungen, Anwendungsbeispiele, Datensicherheit und Rechtsfragen, Heidelberg: Sauer, 1990, S. 268-302

WITTE, WOLFGANG [PC-Anwendungen, 1986]: PC-Anwendungen im Personalbereich, in: BERND HENTSCHEL/ GEORG WRONKA/ WILHELM MÜLDER (Hrsg.): Personaldatenverarbeitung in der Diskussion, Köln: Datakontext, 1986 (PIS- Sammelband 2), S. 219-228

WÖTZEL, SABINE [Entwicklungstendenzen, 1990]: Entwicklungstendenzen für die Gestaltung von Personal-Informationssystemen und die Verbreiterung der Anwendungs- und Zugriffsmöglichkeiten für den Praktiker, in: PETER BELLGARDT (Hrsg.): EDV-Einsatz im Personalwesen - Entwicklungen, Anwendungsbeispiele, Datensicherheit und Rechtsfragen, Heidelberg: Sauer, 1990, S. 67-98

ZANGL, HANS [Durchlaufzeiten, 1985]: Durchlaufzeiten im Büro - Prozeßorganisation und Aufgabenintegration als effizienter Weg zur Rationalisierung der Büroarbeit mit neuen Bürokommunikationstechniken, Berlin: Erich Schmidt, 1985 (Mensch und Arbeit im technisch-organisatorischen Wandel; Band 3)

ZANGL, HANS [Just-in-Time, 1990]: Just-in-Time im Büro - Prozeßorganisation als Gestaltungsform moderner Unternehmen, in: OM 1-2/1990, S. 6-13

Das Register enthält sowohl Stichworte als auch Schlagworte, die thematische Zusammenhänge kennzeichnen; synonyme Begriffe führen über Querverweise zu den im Text verwendeten Ausdrücken. Die Namen der im Text vorkommenden Autoren werden durch eine *kursive* Seitenzahl gekennzeichnet.

Aachener und Münchener Lebensversicherung, 31
Ablauflehre
 organisatorische, 5
Ablauforganisation, 1; 5
Abstimmungszeit, 16
Access, 66
ADABAS, 48; 62
AKDB
 s. auch Anstalt für kommunale Datenverarbeitung in Bayern, 10; 31; 47
Analyse-Synthese-Konzept, 4f.
Anforderungen
 fachaufgabenbezogene, 24
 soziale, 24
Anstalt für kommunale Datenverarbeitung in Bayern
 s. auch AKDB, 10; 31; 47
Arbeitsteilung,
 funktionale, s. Funktionale Organisation
Arbeitszufriedenheit, 19
Aufbauorganisation, 1; 5
Aufgabenerfüllung, 6
 Einheitlichkeit der, 8
Aufgabenintegration, 18; 21f.; 30; 44
 Grenzen, 32
Aufgabenschritte, 4
Aufgabensynthese, 5
Aufgabentypen in der Büroarbeit, 2; 20-22
Aufgabenzuteilung, 6

Babbage, *7*
BAT, s. auch Bundesangestellten-Tarif, 9; 19; 33; 42; 72
 Eingruppierung, 10
Batch-Verarbeitung, 65; 67
Bearbeitungsgruppen, s. auch Pool, Referat
 Zusammensetzung der, 20; 26
Bearbeitungsketten, 8
Bearbeitungszeit, 16f.
Beihilfen, 27
Berufsgenossenschaften, 4
Beschäftigungszeiten, 11
Betriebsrat, 10; 74; 77
Betriebsvereinbarungen, 71; 78
Betriebsverfassungsgesetz, 78
Beziehungslehre
 organisatorische, 5
Bild-Konferenz, 39; 46
Bildschirmtext, 46
Bridge-Programme, 59
Brutto-Vergütung

 Ermittlung der, 10; 31
Bullinger, *80*
Bundesangestellten-Tarif, s. BAT
Bundesdatenschutzgesetz, 69-71
Bundesministerium für Forschung und Technologie, 1
Büroarbeit
 Bedeutung der, 14
 in der Personalwirtschaft, 27
 Klassifizierung, 2
Büroautomation, 7
Bürokommunikation, 22
 moderne Techniken, 3

CAx-Komponenten, 69
CIM, 80
COBOL, 62
Codierung
 analoge, 41
 digitale, 41
Computer Aided Office, 80
Computer-Konferenz, 46
Corel draw, 66

Daten
 redundante, s. auch Redundanz, 8
Datenbanken, externe, 67
Datenbanksysteme, 45f.
 Access, 66
 ADABAS, 48; 62
 dbase, 66
 Fox Pro, 66
Datenfernübertragung, 30
Datenintegration, 44
Datenschutz, 3; 69
 Grundsätze, 70
Datensicherheit, 3
Datensicherung, 69
Datenverarbeitung
 Miniaturisierung, 45
Datex-P, 45
dBase, 66
Delegation, 38
Designer, 66
Dezentralisierung, 3; 45
 Defintion, 35
 Formen der, 39
 Grenzen
  kommunikatiostheoretische, 41
  informationstechnische Voraussetzungen, 38
 Makroebene, 39
 Mesoebene, 40
 Mikroebene, 40

organisatorische, 39f.
organisatorische Voraussetzungen, 38
räumliche, 39
Zielsetzung, 35
Dezentralisierung und DV, 35
Dialog-Verarbeitung, 67
Diazo, 11; 47; 48
Dienstrecht
  öffentliches, 32
Dienstzeiten, 11
DIS, 48
Domsch, *79*
DOS, 68; 73
Download, 67
Durchlaufzeit, 10; 16f.; 31
DV-Koordinierungsstelle, 77
DV-Unterstützung
  dialogorientierte, 17
  integrierte, 18
DV-Unterstützung und Organisation
  Wechselwirkung, 43

EDV-Anlagenkonfiguration, 55; 64
Einigungsstelle, 77
Electronic Mail, 39; 46; 68
Elementaraufgaben, 4
  Untergrenze der Aufgabenanalyse, 4
Entwicklungstendenzen, 79
Excel, 66

Face-to-face-Kommunikation, 41
Fachaufgaben, 21; 23
Fachhochschule Düsseldorf, 1
Fehlzeitenverwaltung, 67
Fernsprech-Konferenz, 39; 46
Filetransfer, 67
Formalziel, 15
Forschung und Entwicklung, angewandte, 1
Fox Pro, 66
Fraunhofer-Institut für Arbeitswissenschaft und
  Organisation, 31
Führungsaufgaben, 21; 23
Funktionale Organisation, 2; 7; 9; 14; 18f.
  Vor- und Nachteile, 2; 8

Gestaltungsprinzipien, 15
Graphikprogramme
  Corell draw, 66
  Designer, 66
  Harvard Graphics, 66

Handlungsautonomie, 21; 31
Harvard Graphics, 66
Hentschel, *56*
Hilfefunktion
  kontextbezogene, 66

Hilfskräfte, studentische, 10
Huckert, *68*

IBD
  s. auch Institut für betriebliche
    Datenverarbeitung, 1; 15; 75
Individualsoftware, 47
  Wartungskosten, 60
Information Retrieval, 67
Informations- und Kommunikationstechnik, 14
Informationstechnische Unterstützung, s. DV-
  Unterstützung
Insellösung, 47
Institut für betriebliche Datenverarbeitung
  s. auch IBD, 1; 15; 75
Integration, 57
  horizontale, 57
  vertikale, 58f.
Investitionsrechnung, 78
Ist-Aufnahme, 1

Job enlargement, 14
Job enrichment, 14
Job rotation, 14

Kernforschungszentrum Karlsruhe, 1; 32; 77
Kontrollzeit, 16f.; 31
Kosiol, 4f.
Kosten-Nutzen-Analyse, 78

Leerzeit, 17
Liegezeit, 16f.
Local Area Network, 68
Lohn- und Gehaltsabrechnung, 20
Lohn- und Gehaltsabrechnungssysteme, 45
Lohnkonto, 16

Management by Exceptions, 24
Max-Planck-Gesellschaft, 33
Medienbrüche, 39; 48
Methoden- und Modellbank, 52; 55
Mikrocomputer, 3
Mikrofiche, 17; 47
Mikrofilm, 47f.
  aktive Verfilmung, 47
  Nachteile, 47f.
  passive Verfilmung, 47
  Vorteile, 47
Mikroverfilmung, 10f.; 29
Mitarbeiter
  Fluktuation der, 8
  Motivation der, 8
  Qualifikation der, 24
Muß-Felder, 37

Register

Netzwerk, 45
  lokales, 62; 68; 71
    Vorteile, 68
Nordsieck, *5; 14*
Nutzwertanalyse, 79

Objektorientierte Organisation, 2; 14; 19
  beispielhafter Ablauf, 30
  DV-Technik, 43
  Gehaltsniveau, 34
  Grenzen der, 3
  Konsequenzen der, 27
  Rationalisierungspotential, 2
  Zielsetzung, 2
Objektorientierter Prozeß, 27
Optionscharakter der Technik, 43; 45
Optische Speichersysteme, 49; 80
Organisation
  funktionale, s. Funktionale Organisation
  objektorientierte, s. Objektorientierte Organisation
Organisation und DV-Unterstützung
  Wechselwirkung, 43
  Zusammenhang von, 3
Organisationslehre, 14
  zentrale Begriffe, 2; 4

PAISY, 60-62; 72
  Datenbasis, 60f.
  Hauptfunktionen, 60
Personal-Computer, 64f.
  Datensicherung, 73
  Einsatzgebiete in der Personalwirtschaft, 66
  externe Datenbankrecherche, 67
  Fehlzeitenverwaltung mit dem, 67
  lokales Netzwerk, 68
  stand-alone-Geräte, 67
Personalakte
  mikroverfilmte, 11
Personalarbeit
  Kernaufgaben der, 4
Personalbereitstellung, 4
Personalbetreuung, 4
Personalbogen, 9
Personaldatenbank, 53
Personalentwicklung, 4; 25
Personalführung, 4
Personalgespräche, 25
Personalinformationssystem, s. PIS, 45
Personalmaßnahmen
  Beeinflußung und Abwicklung, 4
Personalreferent, 27
Personalverwaltung, 4
Personalwesen
  DV
    historische Entwicklung, 50
Personalwirtschaft, 1; 2; 16; 27
  Begriff der, 2; 4
  DV-Unterstützung, 43

funktionale Organisation, 9
integrierte DV-Unterstützung, 3
Personalwirtschaft;Reorganisation der, 20
Pflichtenheft, 57
Picot, *41*
PIS, 45; 48
  Abgrenzung zu Datenbanksystemen, 46
  Anforderungen, 50
  Arbeitsentgelts, 56
  Arbeitszeitgestaltung, 56
  Gesetze, 56
  öffentliches Dienstrecht, 56
  Aufbau eines, 3
  Defintion, 46
  Evaluation, 57
  Funktionen, 55
  Hardware-Konfiguration, 64
  Komponenten, 52
    EDV-Anlagenkonfiguration, 52; 64
    Methoden- und Modellbank, 52; 55
    Personaldatenbank, 52
  Minimierung der Redunanzen, 51
  modualrer Aufbau, 59
  organisatorische Implementierung, 77
  Personal-Computer, 64; 68
  Probleme bei der Einführung, 75
  Software-Anforderungen, 57
  Standardsofware
    PAISY, 60
    RP, 62
  Wirtschaftlichkeitsbetrachtung, 79
  Ziele, 51
Plausibilitätskontrollen, 72
Pool
  s. auch Bearbeitungsgruppen, Referat, 26; 28

Qualifikation der Mitarbeiter, 24

Rationalisierung, qualitative, 15
Redundanz, 8
  Minimierung der, 18; 51
Referat
  s. auch Bearbeitungsgruppen, Pool, 26; 27
  personelle Ausstattung, 29
Reichwald, *14; 41; 43*
Reisekosten, 27
Reisekostenabrechnung, 23
Reorganisationsmaßnahmen
  Auswirkungen von, 1
Ressourcen-Sharing, 68
RP, 62; 72
  Hauptfunktionen, 62
Rundum-Sachbearbeitung, 29
Rüstzeit, 16; 17

Sachbearbeitungsaufgaben, 21-23
Sachziel, 15
Scanner, 49; 79

Schnittstellen, 38; 50; 59
Schwachstellen, 13
Schwachstellenanalyse, 1
Selbstaufschreibungen, 1
Siedentopf, *32*
SIGMA, 48
Soll-Konzeption, 1
Sozialversicherungsträger, 4; 10; 31
Spezialisierung, 7
Standardsoftware, 59
    PIS, 48
Stellenausschreibung, 10
Stellenplan, 10
    Definition, 30

T abellenkalkulation, 71
    Excel, 66
Tätigkeitsdarstellung, 9
Taylor, *7*
Taylorismus, 14; 16; 32; 43
Teilaufgaben, 4
Telefax, 3; 39; 46
Transformationszeit, 16
Transportzeit, 16; 17
Trennungsgeld, 27

U mzugskosten, 27
UNIX, 62
Unternehmen
    Strukturierung des, 6
Unternehmensablauf, 5
Unternehmensaufbau, 5
Unternehmensorganisation, 6
Unterstützungsaufgaben, 21f.; 24
Upload, 67
Urlaubsvertretung, 20

V ergütungsabrechnung, 23
Verrichtungsprinzip, s. Funktionale Organisation
Vertragsschreibung, 23; 37

W eber, *7*
Wide Area Network, 45
Window-Technik, 66

Z eiterfassung, 75
Zeitwirtschaft, 50; 53
Zentralisierung, 45
Zerlegungskriterien, 4

Neuerscheinungen des Josef Eul Verlages

REIHE: STEUER, WIRTSCHAFT UND RECHT
Herausgegeben von StB Dr. Johannes Georg Bischoff, Köln; Dr. Alfred Kellermann, Vorsitzender Richter am BGH, Karlsruhe; Prof. Dr. Günter Sieben, Köln und Prof. Dr. Norbert Herzig, Köln

Band 84: Heinz-Jürgen Barion
Betriebswirtschaftliche Unternehmensanalyse im Rahmen der Jahresabschlußprüfung
Bergisch Gladbach 1992, 380 S., 68,— DM, ISBN 3-89012-278-7

Band 85: Marcus Opitz
Ein Vergleich der Wirtschaftsprüfung in Frankreich und Deutschland – Objekte und Normen der Prüfung, Qualität und Berichtsform der Abschlußprüfer
Bergisch Gladbach 1992, 384 S., 68,— DM, ISBN 3-89012-279-5

Band 86: Gernot Hebestreit
Zwischenberichterstattung in Großbritannien und Deutschland – Eine theoretische und empirische Analyse
Bergisch Gladbach 1992, 400 S., 69,— DM, ISBN 3-89012-280-9

Band 87: Ira Hoffmann
Die Kapitalkonsolidierung bei Interessenzusammenführung gemäß § 302 HGB – Darstellung und Analyse der Interessenzusammenführungs-Methode im Vergleich zur Kapitalkonsolidierung nach der Buchwertmethode und zur aktienrechtlichen Verschmelzung durch Aufnahme
Bergisch Gladbach 1992, 344 S., 64,— DM, ISBN 3-89012-287-6

Band 88: Florian Schultz
Die Vollverzinsung im bundesdeutschen Steuersystem – Notwendigkeit, Strategien und Auslegungsprobleme
Bergisch Gladbach 1992, 288 S., 64,— DM, ISBN 3-89012-291-4

Band 89: Arno Steudter
Entscheidungsmodelle der Konzernabschlußgestaltung – Die bilanzpolitische Gestaltung des handelsrechtlichen Konzernabschlusses aus entscheidungstheoretischer Sicht
Bergisch Gladbach 1992, 488 S., 78,— DM, ISBN 3-89012-293-0

Band 90: Gisbert Ingenfeld
Die Betriebsausgliederung aus der Sicht des Arbeitsrechts – Arbeitsrechtliche Probleme bei Umstrukturierungen in Unternehmensgruppen, unter besonderer Berücksichtigung von Gemeinschaftsbetrieben verbundener Unternehmen
Bergisch Gladbach 1992, 480 S., 79,— DM, ISBN 3-89012-295-7

Band 91: Ulrich Tenhagen
Strategisches Management in Wirtschaftsprüfungsunternehmen
Bergisch Gladbach 1992, 324 S., 62,— DM, ISBN 3-89012-296-5

Band 92: Achim Ludwig
Bürokommunikationssysteme in Wirtschaftsprüfungsgesellschaften – Synergie durch informationelle Integration von Jahresabschlußprüfung und Unternehmensberatung
Bergisch Gladbach 1992, 312 S., 59,— DM, ISBN 3-89012-299-X

Band 93: Frauke Sabine Kröske
Bilanzpolitik verbundener Unternehmen
Bergisch Gladbach 1992, 328 S., 63,— DM, ISBN 3-89012-304-X

Band 94: Gunner Koch
Die Richtlinienkonformität der handelsrechtlichen Bilanzierungs- und Bewertungsvorschriften – Eine Analyse anhand ausgewählter Problembereiche
Bergisch Gladbach 1993, 288 S., 59,— DM, ISBN 3-89012-308-2

Band 95: Andreas Kramer
Konkurs- und Steuerverfahren
Bergisch Gladbach 1993, 364 S., 69,— DM, ISBN 3-89012-310-4

Band 96: Peter Klein
Wissensmodellbasierte Audit Support Systems – Ein Beitrag zur Architektur integrierter Informationssysteme im Rahmen der Jahresabschlußprüfung
Bergisch Gladbach 1993, 428 S., 73,— DM, ISBN 3-89012-311-2

Band 97: Kai Sauermann
Konzernfinanzierung über ausländische Finanzierungsgesellschaften – Unter besonderer Berücksichtigung der internationalen Optionsanleihe und deren bilanzieller Behandlung
Bergisch Gladbach 1993, 312 S., 63,— DM, ISBN 3-89012-316-3

Band 98: Niels-Peter Schoss
Die ertragsteuerlichen Konsequenzen von Wechselkursänderungen bei Direktinvestitionen deutscher multinationaler Unternehmen
Bergisch Gladbach 1993, 412 S., 71,— DM, ISBN 3-89012-322-8

Band 99: Bernhard Lorch
Der börsenfähige aktienähnliche Genußschein – Wirtschaftliche Bedeutung, rechtliche Zulässigkeit und inhaltliche Ausgestaltung
Bergisch Gladbach 1993, 384 S., 68,— DM, ISBN 3-89012-324-4

Band 100: Hermann-Josef Oelmann
Handels- und steuerrechtliche Bilanzierungsprobleme bei Verschmelzungen
Bergisch Gladbach 1993, 448 S., 75,— DM, ISBN 3-89012-328-7

Band 101: Ursula Braun
EK50-Lücke bei der Internationalisierung der Geschäftstätigkeit deutscher Kapitalgesellschaften
Bergisch Gladbach 1993, 336 S., 66,— DM, ISBN 3-89012-339-2

Band 102: Rainer Buchholz
Krankenversicherungskosten, Besteuerung und unternehmerische Entscheidungen – Eine kritische Würdigung alternativer Bemessungsgrundlagen zur Finanzierung der Krankenversicherung unter wohlfahrtstheoretischem Aspekt
Bergisch Gladbach 1993, 348 S., 68,— DM, ISBN 3-89012-341-4

Band 103: Jörg Blumentritt
Unternehmensveräußerungen durch den Konzern
Bergisch Gladbach 1993, 324 S., 65,— DM, ISBN 3-89012-342-2

REIHE: GRÜNDUNG, INNOVATION UND BERATUNG
Herausgegeben von Prof. Dr. Norbert Szyperski, Köln; StB Dr. Johannes Georg Bischoff, Köln und Dr. Heinz Klandt, Köln

Band 16: Sabine Eggers
Existenz und Erfolg eines wechselnden Organisationsgrades in Innovationsprozessen
Bergisch Gladbach 1993, 304 S., 59,— DM, ISBN 3-89012-320-1

REIHE: MEDIZINISCHE FORSCHUNG
Herausgegeben von Prof. Dr. med. Victor Weidtman (em.), Köln;

Band 6: Hanns Ackermann
Mehrdimensionale Diagnosebereiche
Bergisch Gladbach 1988, 244 S., 46,— DM, ISBN 3-89012-133-0

REIHE: WISO-STUDIENTEXTE
Herausgegeben von Prof. Dr. Eckart Bomsdorf, Köln und Prof. Dr. Josef Kloock, Köln

Band 1: Eckart Bomsdorf
Deskriptive Statistik – Mit einem Anhang zur Bevölkerungs- und Erwerbsstatistik
7., durchgesehene Auflage
Bergisch Gladbach 1992, 208 S., 17,80 DM, ISBN 3-89012-266-3

Band 2: Eckart Bomsdorf
Induktive Statistik – Eine Einführung
5., durchgesehene Auflage
Bergisch Gladbach 1992, 216 S., 19,80 DM, ISBN 3-89012-276-0

REIHE: PLANUNG, INFORMATION UND UNTERNEHMUNGSFÜHRUNG
Herausgegeben von Prof. Dr. Norbert Szyperski, Köln; Prof. Dr. Paul Schmitz, Köln; Prof. Dr. Winfried Matthes, Wuppertal; Prof. Dr. Joachim Griese, Bern und Dr. Udo Winand, Köln

Band 41: Ursula Mayer
Strategisches Informationsversorgungssystem – Ein theoretisches Konzept ergänzt durch eine Expertenbefragung in der pharmazeutischen Industrie
Bergisch Gladbach 1992, 288 S., 59,— DM, ISBN 3-89012-281-7

Band 42: Jochen Scharpe
Strategisches Management im Mittelstand – Probleme der Implementierung und Ansätze zur Lösung
Bergisch Gladbach 1992, 296 S., 66,— DM, ISBN 3-89012-285-X

Band 43: Markus Schotters
Informationsmanagement für mittelständische Unternehmungen: Aufgaben, funktionale Anforderungen und Ausgliederungsmöglichkeiten
Bergisch Gladbach 1992, 276 S., 59,— DM, ISBN 3-89012-301-5

Band 44: Jörg Wolff
Die liquiditätsorientierte Steuerung schnell wachsender Unternehmen
Bergisch Gladbach 1993, 332 S., 69,— DM, ISBN 3-89012-318-X

Band 45: Oliver-Till Dieckhaus
Management und Controlling im Beteiligungslebenszyklus
Bergisch Gladbach 1993, 324 S., 63,— DM, ISBN 3-89012-323-6

Band 46: Gisela Lehmer
Theorie des wirtschaftlichen Handelns der privaten Haushalte – Haushaltsproduktion und Informationstechniken im Wechselspiel
Bergisch Gladbach 1993, 280 S., 58,— DM, ISBN 3-89012-326-0

Band 47: Harald Bosch
Entscheidung und Unschärfe – Eine entscheidungstheoretische Analyse der Fuzzy-Set-Theorie
Bergisch Gladbach 1993, 284 S., 61,— DM, ISBN 3-89012-340-6

EINZELSCHRIFTEN

Sabine Böckem
Theorie der horizontalen Produktdifferenzierung
Bergisch Gladbach 1992, 184 S., 48,— DM, ISBN 3-89012-284-1

Berthold Lause
Methoden der Abweichungsanalyse in der Kosten- und Erfolgskontrolle
Bergisch Gladbach 1992, 336 S., 68,— DM, ISBN 3-89012-294-9

Christiane Vogell
Die Investitionstheorie im Blickwinkel alternativer Forschungsansätze
Bergisch Gladbach 1992, 184 S., 48,— DM, ISBN 3-89012-300-7

Walter Görgen
Strategische Wettbewerbsforschung
Bergisch Gladbach 1992, 424 S., 77,— DM, ISBN 3-89012-302-3

Christoph Köller
Marketing-Assessment – Aufgaben, Probleme und Methoden der Marketing-Folgenabschätzung
Bergisch Gladbach 1992, 360 S., 69,— DM, ISBN 3-89012-303-1

Ulf D. Jaeckel
Nutzen-Kosten-Analysen für Umweltschutzmaßnahmen – Überlegungen zu

einer unternehmensbezogenen Umweltberichterstattung unter besonderer Berücksichtigung des Braunkohlenbergbaus
Bergisch Gladbach 1992, 408 S., 69,— DM, ISBN 3-89012-305-8

Ronald Sauer
Möglichkeiten und Grenzen externer Eigenkapitalbeschaffung mittelständischer Unternehmungen – Eine Analyse aus Sicht der Unternehmung differenziert nach Finanzierungsformen, Ausstattungsmerkmalen und Kapitalgebern
Bergisch Gladbach 1993, 376 S., 69,— DM, ISBN 3-89012-309-0

Günter Solf
Theatersubventionierung – Möglichkeiten einer Legitimation aus wirtschaftstheoretischer Sicht
Bergisch Gladbach 1993, 352 S., 65,— DM, ISBN 3-89012-315-5

Jürgen Cordes
Der Erfolg von Mischkonzernen aus theoretischer und empirischer Sicht
Bergisch Gladbach 1993, 248 S., 58,— DM, ISBN 3-89012-325-2

Rolf Hagemann
Die marketingorientierte Verkaufsbudgetierung in der Pkw-Industrie
Bergisch Gladbach 1993, 192 S., 49,— DM, ISBN 3-89012-329-5

Annette Pfaar
Die Vertriebsliberalisierung im Flugpauschalreisemarkt – Eine deskriptive und theoretische Analyse
Bergisch Gladbach 1993, 332 S., 66,— DM, ISBN 3-89012-332-5

Michael Lindemann
Kooperative Marketing-Kommunikation – Kommunikationspolitische Zusammenarbeit von Konsumgüter-Anbietern
Bergisch Gladbach 1993, 368 S., 69,— DM, ISBN 3-89012-337-6

Thomas Thiel
Quantifizierung des Risikopotentials innovativer Swapinstrumente
Bergisch Gladbach 1993, 264 S., 58,— DM, ISBN 3-89012-338-4

Jürgen Hanke
Hybride Koordinationsstrukturen – Liefer- und Leistungsbeziehungen kleiner und mittlerer Unternehmen der Automobilzulieferindustrie aus transaktionskostentheoretischer Sicht
Bergisch Gladbach 1993, 264 S., 62,— DM, ISBN 3-89012-344-9

REIHE: BIFOA-MONOGRAPHIEN
Herausgegeben von Prof. Dr. Dr. h. c. mult. Erwin Grochla †, Köln; Prof. Dr. Erich Frese, Köln; Prof. Dr. Paul Schmitz (em.), Köln und Prof. Dr. Dietrich Seibt, Köln

Band 32: Heiko Lippold, Heinz-Martin Hett, Jörg Hilgenfeldt, Dieter Klagge, Walter Nett
Elektronische Dokumentenverwaltung in Klein- und Mittelbetrieben
Bergisch Gladbach 1993, 152 S., 49,— DM, ISBN 3-89012-335-X

REIHE: BETRIEBLICHE PRAXIS

Band 1: Johannes Georg Bischoff/Jürgen Tracht
Wie mache ich mich als Handelsvertreter selbständig?
4. Auflage
Bergisch Gladbach 1992, 196 S., 58,— DM, ISBN 3-89012-306-6

Band 5: Johannes Georg Bischoff
Das Rechnungswesen der Handelsvertretung als Führungsinstrument
2. Auflage
Bergisch Gladbach 1991, 80 S., 29,— DM, ISBN 3-89012-254-X

Band 6: Bettina Gereth/Karl-Werner Schulte
Mezzanine-Finanzierung
Bergisch Gladbach 1992, 236 S., 54,— DM, ISBN 3-89012-268-X

Band 7: Dirk Deppe
Dynamische Ertrags- und Finanzplanung zur Früherkennung und Abwehr von Unternehmenskrisen in mittelständischen Unternehmen
Bergisch Gladbach 1992, 384 S., 69,— DM, ISBN 3-89012-269-8

Band 8: Johannes Georg Bischoff/Thomas Büchler (Hrsg.)
Der Schritt in die Selbständigkeit – Praktische Hinweise für Existenzgründer
3. Auflage
Bergisch Gladbach 1992, 200 S., 49,— DM, ISBN 3-89012-297-3

REIHE: KUNSTGESCHICHTE
Herausgegeben von Prof. Dr. Norbert Werner, Gießen

Band 5: Wolfgang Nitsche
Das Schaffen der hochklassizistischen deutschen Bildhauer: Akademismus, Romerlebnis, Innovation und Antikerezeption
Bergisch Gladbach 1992, 472 S., 77,— DM, ISBN 3-89012-277-9

Band 6: Jörg Becker
»Die Natur als Fläche sehen« – Untersuchungen zur Landschaftsauffassung Ferdinand Hodlers
Bergisch Gladbach 1992, 280 S., 58,— DM, ISBN 3-89012-289-2

REIHE: QUANTITATIVE ÖKONOMIE
Herausgegeben von Prof. Dr. Eckart Bomsdorf, Köln; Prof. Dr. Wim Kösters, Bochum und Prof. Dr. Winfried Matthes, Wuppertal

Band 37: Wolfgang Hauke
Darstellung struktureller Zusammenhänge und Entwicklungen in Input-Output-Tabellen
Bergisch Gladbach 1992, 212 S., 49,— DM, ISBN 3-89012-286-8

Band 38: Achim Degner
Das geldpolitische Instrumentarium der Deutschen Bundesbank und die Ertragsentwicklung im Universalbankensektor
Bergisch Gladbach 1992, 376 S., 68,— DM, ISBN 3-89012-290-6

Band 39: Ursula Kück
Bestimmungsfaktoren des Wohnungsbaus – Eine statistische Analyse für die Bundesrepublik Deutschland von 1972 bis 1989 unter Berücksichtigung ausgewählter Bauherrengruppen
Bergisch Gladbach 1992, 156 S.,　　　　45,— DM, ISBN 3-89012-292-2

Band 40: Uwe Jensen
Herleitung, Berechnung und ökonomische Anwendung von Rao-Distanzen
Bergisch Gladbach 1993, 196 S.,　　　　49,— DM, ISBN 3-89012-312-0

Band 41: Bernhard Friederici
Die Abstimmung der Liefermengen- und Tourenplanung in zweistufigen Güterverteilungssystemen
Bergisch Gladbach 1993, 380 S.,　　　　68,— DM, ISBN 3-89012-321-X

Band 42: Frank W. R. W. Böckelmann
Arbeitszeitveränderungen in Produktionsunternehmen – Darstellung unter besonderer Berücksichtigung der mehrstufigen Mehrproduktunternehmung
Bergisch Gladbach 1993, 276 S.,　　　　59,— DM, ISBN 3-89012-327-9

Band 43: Carl-Martin Preuß
Computergestützte Optionsgeschäfte in Theorie und Anwendung
Bergisch Gladbach 1993, 216 S.,　　　　49,— DM, ISBN 3-89012-330-9

Band 44: Rainer Lasch
Pyramidale Darstellung multivariater Daten
Bergisch Gladbach 1993, 180 S.,　　　　49,— DM, ISBN 3-89012-333-3

REIHE: VERSICHERUNGSWIRTSCHAFT
Herausgegeben von Prof. Dr. Dieter Farny, Köln

Band 9: Gerd Benner
Risk Management im professionellen Sport – auf der Grundlage von Ansätzen einer Sportbetriebslehre
Bergisch Gladbach 1992, 372 S.,　　　　67,— DM, ISBN 3-89012-282-5

Band 10: Michael Mertens
Kundentypologien im Versicherungsgeschäft mit Privatkunden
Bergisch Gladbach 1992, 352 S.,　　　　65,— DM, ISBN 3-89012-298-1

Band 11: Michael Thiemermann
Rückversicherung und Zahlungsströme – Ein Beitrag zur Finanzwirtschaft von Rückversicherungsunternehmen
Bergisch Gladbach 1993, 380 S.,　　　　68,— DM, ISBN 3-89012-317-1

Band 12: Michael Ziegler
Strategische Unternehmenspolitik von Versicherern als Allfinanzanbieter
Bergisch Gladbach 1993, 336 S.,　　　　64,— DM, ISBN 3-89012-319-8

Band 13: Eckart Bomsdorf
Generationensterbetafeln für die Geburtsjahrgänge 1923 bis 1993 – Modellrechnungen für die Bundesrepublik Deutschland
Bergisch Gladbach 1993, 288 S.,　　　　84,— DM, ISBN 3-89012-334-1

REIHE: WIRTSCHAFTSINFORMATIK
Herausgegeben von Prof. Dr. Dietrich Seibt, Köln und
Prof. Dr. Dr. Ulrich Derigs, Köln

Band 3: Christoph Nöcker
Erfolgsfaktoren für die Entwicklung wissensbasierter Systeme im Finanzdienstleistungsbereich – Ableitung von Handlungsempfehlungen auf Basis einer empirischen Erhebung
Bergisch Gladbach 1993, 456 S., 74,— DM, ISBN 3-89012-307-4

Band 4: Patrick Dornhoff
Erfahrungswissen für das Management von Software-Entwicklungsprojekten
Bergisch Gladbach 1993, 328 S., 73,— DM, ISBN 3-89012-331-7

Band 5: Harald F. O. v. Kortzfleisch
Rechnergestützte organisatorische Gestaltung – Entwicklungsstand und betriebswirtschaftliche Beurteilung
Bergisch Gladbach 1993, 384 S., 71,— DM, ISBN 3-89012-336-8

REIHE: PERSONAL-MANAGEMENT
Herausgegeben von Prof. Dr. Jürgen Berthel, Siegen und
Prof. Dr. Fred Becker, Jena

Band 1: Susanne Schreiber
Integrierter Prozeß der Personalfreistellungsplanung
Bergisch Gladbach 1992, 452 S., 69,— DM, ISBN 3-89012-288-4

Band 2: Margret Wehling
Personalmanagement für unbezahlte Arbeitskräfte
Bergisch Gladbach 1993, 332 S., 63,— DM, ISBN 3-89012-314-7

REIHE: EUROPÄISCHE WIRTSCHAFT
Herausgegeben von Prof. Dr. Winfried Matthes, Wuppertal

Band 1: Ralf-Peter Simon
Euro-Logistik-Netzwerke – Entwicklung eines wettbewerbsstrategischen Integrationskonzeptes für die Sammelgut-Logistik im europäischen Markt
Bergisch Gladbach 1993, 468 S., 74,— DM, ISBN 3-89012-313-9

**REIHE: INSTITUT FÜR BETRIEBLICHE DATENVERARBEITUNG (IBD) e.V.,
Fachhochschule Düsseldorf**
Herausgegeben von Prof. Dr. Felicitas Albers

Band 1: Michael Hoppe
Organisation und DV-Unterstützung der Personalwirtschaft – Aufbauorganisatorische, ablauforganisatorische und informationstechnische Aspekte, dargestellt am Beispiel der Hauptverwaltung einer Forschungsgesellschaft
Bergisch Gladbach 1993, 112 S., 39,— DM, ISBN 3-89012-343-0